# Station 1

**001 — 100**

| | |
|---|---|
| **001**      34567 <br> **Good luck!** | **Good luck** on your test! |
| **002**      34567 <br> **refer to** | Please **refer to** the map. |
| **003**      34567 <br> **according to** | **According to** the speaker, what has changed? |
| **004**      234567 <br> **take place** | Where does the conversation most likely **take place**? |
| **005**      234567 <br> **be interested in** | I'm very **interested in** the position. |
| **006**      234567 <br> **look for** | I'm **looking for** a new job. |
| **007**      234567 <br> **look forward to** | We **look forward to** seeing you soon. |
| **008**      1234567 <br> **work on** | Are you still **working on** the report? |
| **009**      1234567 <br> **pick up** | Where can I **pick up** my order? |
| **010**      234567 <br> **ask for** | What does the woman **ask for**? |

| | |
|---|---|
| がんばって！<br><br>試験がんばってください！ | 😊 Good luck with that! (それ、がんばって!) の形でも出る。TOEIC、がんばりましょう! |
| ～を参照する、～に関する<br><br>地図をご参照ください。 | ✖️「～を参照する」の意味で主にパート4で出るほか、「～に関する」の意味でパート3・4・6・7のすべての設問文に入っている。 |
| ～によると、～に従って、～に応じて<br><br>話し手によると、何が変わりましたか。 | ✖️特にパート3・4・7の設問文で頻出。「～に従って」「～に応じて」の意味もあるのに注意。<br>例 according to the rules (規則に従って)、according to your needs (皆様のニーズに応じて) |
| 起こる、行われる<br><br>この会話はおそらくどこで行われていますか。 | ✖️特にパート3・4・7の、会話やトーク、イベントの場所を答える設問文で出る。 |
| ～に興味がある、～に関心がある<br><br>私はその職にとても興味があります。 | ✖️動名詞が続く形も頻出。例 I'm interested in becoming a member of this gym. (私はこのジムの会員になることに興味があります) |
| ～を探す<br><br>私は新しい仕事を探しています。 | ✖️類義表現の seek (探し求める) は他動詞で、語法問題で狙われるので注意。例 seek a new job (新しい仕事を探し求める) |
| ～を楽しみにする<br><br>近々お会いできることを我々一同楽しみにしています。 | ✖️文法問題での出題例もあるので、to が前置詞で、動名詞や名詞を伴う語法も押さえておこう。 |
| ～に取り組む、～で作業する<br><br>あなたはまだ報告書に取り組んでいるのですか。 | ✖️「The man is working on a car. (男性が車で作業をしている)」のようにパート1でも出る。 |
| ～を受け取る、拾い上げる、車で拾う<br><br>どこで注文品を受け取れますか。 | ✖️「拾い上げる」「車で拾う」の意味でも出る。例 She's picking up a bag. (彼女はバッグを拾い上げている) I'll pick you up at the airport. (私があなたを空港で拾います) |
| ～を求める<br><br>女性は何を求めていますか。 | ✖️パート3の設問文に頻出するほか、「(A) To ask for volunteers (ボランティアを求めるため)」といった形で選択肢にも出る。 |

| | |
|---|---|
| **011** `1234567`<br>**set up** | **set up** a meeting |
| **012** `234567`<br>**at least** | We need to hire **at least** two more people. |
| **013** `234567`<br>**make sure** | **Make sure** you keep your receipt. |
| **014** `234567`<br>**apply for** | **apply for** a job |
| **015** `234567`<br>**fill out** | Would you please **fill out** this form? |
| **016** `34567`<br>**in order to do** | **in order to** receive a discount |
| **017** `234567`<br>**up to** | **up to** 50 percent off |
| **018** `567`<br>**as well as** | We sell furniture **as well as** clothing. |
| **019** `234567`<br>**in advance** | Please make room reservations well **in advance**. |
| **020** `234`<br>**right now** | I'll do it **right now**. |

| | |
|---|---|
| ~を設定する、設置する、セッティングする、設立する<br><br>会議を設定する | ■「セッティングする」イメージの熟語。パート1にも出る。例 A tent is being set up. (テントが設置されているところだ)「設立する」の意味でも出る。例 set up a business (会社を設立する) |
| 少なくとも<br><br>我々は少なくともあと二人雇う必要があります。 | ■パート7の求人条件でも、at least three years of experience (少なくとも三年の経験)といった形で頻出する。 |
| 必ず~する、確かめる<br><br>必ずレシートは保管してください。 | ■make sure to do (必ず~してください) の形も重要。例 Make sure to do it soon. (必ずすぐにそうしてください) |
| ~に応募する、申し込む、~を申請する<br><br>仕事に応募する | ■「~を申請する」の意味でも出る。例 apply for a driver's license (運転免許証を申請する) |
| ~に記入する<br><br>こちらの用紙にご記入いただけますか。 | ■同じ意味を表す complete (記入する) も覚えておこう。例 complete a form (用紙に記入する) |
| ~するために<br><br>割引を受けるために | ■目的を表す to 不定詞のフォーマルな表現。パート5でも出題されるので、動詞の原形を伴う語法にも注意。 |
| 最大、最高、最長、~次第だ<br><br>最大50%引き | ■「up to 300 people (最大300人)」「up to six months (最長6か月)」といった形でも出る。It's up to you. (あなた次第です) の意味も頭に入れておこう。 |
| ~に加えて<br><br>当店は衣類に加えて家具も販売しています。 | ■「名詞と名詞」「動詞と動詞」「副詞と副詞」といった文法的に同じ形をつなぐが、SV (節) と SV (節) はつなげない語法にも注意。 |
| 事前に、前もって<br><br>十分前もって部屋をご予約ください。 | ■事前に相手に協力を求める Thank you in advance for your cooperation. (ご協力よろしくお願いします) も重要表現。 |
| ただ今、今すぐ<br><br>今すぐやります。 | ■主にパート2・3で出る口語表現。類義表現の right away (ただちに) も重要 (P18)。 |

| 021    3 4 5 6 7<br>**be pleased to do** | We **are pleased to** welcome Ms. Park. |
| :-- | :-- |
| 022    2 3 4 5 6 7<br>**kind of** | What **kind of** company does the man work for? |
| 023    2 3 4 5 6 7<br>**on time** | My flight didn't arrive **on time**. |
| 024    2 3 4 5 6 7<br>**in fact** | I thought I was right. **In fact**, I was wrong. |
| 025    2 3 4 5 6 7<br>**be supposed to** | I**'m supposed to** meet with Mr. Wilson. |
| 026    2 3 4 5 6 7<br>**sign up for** | You should **sign up for** the workshop. |
| 027    2 3 4 5 6 7<br>**a variety of** | **a variety of** colors |
| 028    2 3 4 5 6 7<br>**find out** | How did you **find out** about us? |
| 029    2 3 4 5 6 7<br>**no longer** | The product is **no longer** available. |
| 030    2 3 4 5 6 7<br>**get to** | How did you **get to** the airport? |

| | |
|---|---|
| 喜んで〜する、〜できてうれしい<br><br>我々は Park さんを喜んで歓迎します。 | ❌be pleased with (〜に満足している) の形も頻出 (P22)。 |
| 種類の、ちょっと、まあ<br><br>男性はどんな種類の会社で働いていますか。 | ❌「ちょっと」「まあ」の意味でも出る。例 That's kind of expensive. (それはちょっと高い) "Are you tired?"(疲れてますか) "Kind of."(まあ) イギリス英語では sort of が用いられる。 |
| 時間通りに<br><br>私のフライトは時間通りに着きませんでした。 | 💬 TOEIC の世界では、フライトや注文は、たいてい on time (時間通り) に到着しない。 |
| 実は、ところが実際は<br><br>私は正しいと思っていました。ところが実際は、間違っていました。 | ❌自分が述べたことに、「(それだけではなく) 実は、むしろ」「(ところが) 実際は」等、事実を付け加える際に主に用いられる。例 as a matter of fact (実のところ) |
| 〜することになっている、〜するはずだ<br><br>私は Wilson さんとお会いすることになっています。 | ❌We were supposed to meet at one. (私たちは1時に会うはずだった) のように、過去形だと「〜するはずだった (のにそうではなかった)」の意味になる。 |
| 〜に申し込む、〜に登録する<br><br>あなたはそのワークショップに申し込むべきです。 | ❌類義表現の register for (〜に登録する) も出る (P93)。 |
| さまざまな<br><br>さまざまな色 | ❌a wide variety of (幅広い種類の) も重要表現。例 a wide variety of services (幅広い種類のサービス) |
| 知る、わかる<br><br>当社についてどうやって知ったのですか。 | ❌疑問詞が続く形も頻出。例 find out when an event will be held (イベントがいつ開かれるかを知る) |
| もう〜ない<br><br>その製品はもう手に入りません。 | ❌「前はそうだったけど、今はもうそうではない」という意味を表すフォーマルな表現。 |
| 〜にたどり着く、〜に取り掛かる<br><br>空港までどうやってたどり着いたのですか。 | ❌「〜に取り掛かる」の意味でも出る。例 I'll get to it this afternoon. (今日の午後、それに取り掛かります) get to work (出勤する、職場に着く) の形も頻出 (P80)。 |

| | |
|---|---|
| **031** ☐☐☐ 234567 <br> **hear from** | I look forward to **hearing from** you. |
| **032** ☐☐☐ 234567 <br> **stop by** | Please **stop by** my office later today. |
| **033** ☐☐☐ 567 <br> **based on** | change a design **based on** customer feedback |
| **034** ☐☐☐ 234567 <br> **be responsible for** | Who's **responsible for** sending the invitations? |
| **035** ☐☐☐ 234567 <br> **a number of** | **A number of** issues were discussed. |
| **036** ☐☐☐ 234567 <br> **as soon as possible** | Please call me **as soon as possible**. |
| **037** ☐☐☐ 34567 <br> **along with** | Send a résumé **along with** a cover letter. |
| **038** ☐☐☐ 34567 <br> **be concerned about** | What **is** the woman **concerned about**? |
| **039** ☐☐☐ 567 <br> **a range of** | **a range of** services |
| **040** ☐☐☐ 234567 <br> **in charge of** | I'm not **in charge of** the project. |

| | |
|---|---|
| ~から連絡がある<br><br>ご連絡いただけることを楽しみにしています。 | ✖手紙の締めの決まり文句。I hope to hear from you soon.（近々ご連絡いただけることを期待しています）も頻出表現。 |
| 立ち寄る<br><br>今日後で私のオフィスに立ち寄ってください。 | ✖類義表現の drop by（立ち寄る）も出る（P80）。 |
| ~に基づいて<br><br>お客様の意見に基づいてデザインを変更する | ✖関連表現の be based in（~に拠点を置く）（P22）と on a(n) X basis（Xごとに、Xベースで）（P26）も重要。 |
| ~に責任がある<br><br>招待状を送るのは誰の責任ですか。 | 😊 TOEICの世界には、無責任な人は存在しない。 |
| いくつかの<br><br>いくつかの課題が話し合われた。 | ✖パート5でも出題されるので、必ず複数形の名詞を伴い、複数扱いになる語法にも注意。 |
| できるだけ早く<br><br>できるだけ早くお電話ください。 | ✖文法問題で出題されるので、as soon as SV（SがVしたらすぐに）の接続詞の語法も押さえておこう（P195）。 |
| ~と一緒に<br><br>カバーレターと一緒に履歴書を送ってください。 | ✖get along with（~とうまくいっている）もパート2で出題例のある重要表現（P184）。 |
| ~を心配している<br><br>女性は何を心配していますか。 | ✖特にパート3の設問文で頻出。 |
| さまざまな<br><br>さまざまなサービス | ✖a wide/broad range of（幅広い~）の形でも頻出。囲 a wide/broad range of products（幅広い製品） |
| ~を担当している、~の責任者である<br><br>私はそのプロジェクトの担当ではありません。 | ✖パート2の問いかけに対し、「私は担当ではありません（だからわかりません）」は定番の答えの一つ。 |

| 041 | 234567 | I'll send it **right away**. |
|---|---|---|
| **right away** | | |

| 042 | 34567 | Who **is** the talk **intended for**? |
|---|---|---|
| **be intended for** | | |

| 043 | 234 | Please **give** me **a call** at 555-1019. |
|---|---|---|
| **give a call** | | |

| 044 | 1234567 | Some food is **on display**. |
|---|---|---|
| **on display** | | |

| 045 | 1234567 | He's **putting on** his glasses. |
|---|---|---|
| **put on** | | |

| 046 | 234567 | Let me **take a look**. |
|---|---|---|
| **take a look** | | |

| 047 | 567 | These discounts also **apply to** online orders. |
|---|---|---|
| **apply to** | | |

| 048 | 467 | Please **feel free to** contact me. |
|---|---|---|
| **feel free to do** | | |

| 049 | 567 | apply for a position **in person** |
|---|---|---|
| **in person** | | |

| 050 | 34567 | I **placed an order** yesterday. |
|---|---|---|
| **place an order** | | |

| | |
|---|---|
| ただちに<br><br>ただちにそれを送ります。 | ❌類義表現の right now (ただ今、ただちに) も頻出 (P12)。 |
| ~向けの、~を対象とした<br><br>そのトークは誰向けですか。 | ❌For whom is the talk intended? の形と合わせて設問文で頻出。動詞 intend (意図する) の不定詞を伴う語法も押さえよう。例 We intend to do that. (我々はそうするつもりです) |
| 電話をする<br><br>555-1019にお電話ください。 | 😊 TOEIC愛好家の間では、1019 (トーイック) は特別な意味を持つ数字。北陸新幹線の10号車19番席にしか乗らない人や、愛車のナンバープレートを10-19にしている人も実在する。 |
| 展示中で、陳列中で<br><br>いくつか食べ物が陳列中だ。 | ❌パート1でも頻出する重要表現。 |
| ~を着る<br><br>彼はメガネをかけようとしている。 | ❌put on は動作を示すので、パート1で、メガネをかけた人の写真なら誤答。He's wearing his glasses. (彼はメガネをかけている) なら正解。 |
| 見る、見てみる<br><br>見せてください。 | ❌パート3で、「すみません。このXXの調子が悪いんですが」「見せてください」といった、客と店員の会話で主に出る。 |
| ~にあてはまる、適用される<br><br>これらの割引はオンラインのご注文にも適用されます。 | ❌apply for (~に応募する、申し込む、~を申請する) と合わせて覚えよう (P12)。 |
| 気軽に~する<br><br>お気軽に私にご連絡ください。 | ❌特に、パート7の手紙の締めの一文で頻出する。 |
| (本人が) 直接、じかに<br><br>職に直接応募する | ❌メールや電話、他人を通してではなく、自ら実際にそこに行って何かを行う、という意味。応募・購入方法で主に出る。 |
| 注文を出す<br><br>私は昨日注文を出しました。 | ❌place an advertisement (広告を出す) も重要表現。合わせて覚えよう。 |

| | |
|---|---|
| **051** ▢▢▢ 234567<br><br>**take care of** | I'll **take care of** it. |
| **052** ▢▢▢ 234567<br><br>**be willing to do** | Maria **is willing to** work overtime. |
| **053** ▢▢▢ 234567<br><br>**worth doing** | The exhibition is **worth** visiting. |
| **054** ▢▢▢ 234<br><br>**a couple of** | It may take **a couple of** days. |
| **055** ▢▢▢ 34567<br><br>**as well** | David will be there **as well**. |
| **056** ▢▢▢ 1234567<br><br>**be about to do** | I **was** just **about to** call you. |
| **057** ▢▢▢ 3467<br><br>**in the meantime** | **In the meantime**, please visit our Web site. |
| **058** ▢▢▢ 234567<br><br>**call for** | I'll **call for** a taxi. |
| **059** ▢▢▢ 567<br><br>**for example** | many countries (**for example**, Japan and China) |
| **060** ▢▢▢ 234567<br><br>**at this time** | We have no further information **at this time**. |

| | |
|---|---|
| ~を処理する、対応する<br><br>私がそれに対応します。 | ✖関連表現のcare for（~を世話する、~をケアする）も押さえておこう。例 instructions on caring for a plant（植物の世話の仕方についての説明書） |
| ~しても構わない、~する意思がある<br><br>マリアは残業する意思があります。 | ✖「自ら行うwill（意思）がある」「頼まれたらNoとは言わない」イメージの表現。 |
| ~する価値がある<br><br>その展示会は訪れる価値があります。 | ✖品詞問題でも狙われるので、動名詞や名詞を伴う語法に注意。例 The exhibition is worth a visit.（その展示会は訪問の価値があります） |
| 2、3の<br><br>それには数日かかるかもしれません。 | ✖a couple of hours/days/weeks/months/years（数時間・日・週・月・年）といった時を表す表現で特に頻出。 |
| も<br><br>Davidもそこにいる予定です。 | ✖alsoの意味。関連表現のas well as（~に加えて）と合わせて覚えよう（P12）。 |
| まさに~するところだ<br><br>ちょうどあなたに電話するところでした。 | ✖パート1でも出るので注意。<br>例 They're about to shake hands.（彼らは握手しようとしている） |
| それまでの間、さしあたって<br><br>それまでの間、当社のウェブサイトをご覧ください。 | ✖「もうすぐプレゼンが始まります。それまでの間、~」のように、「今から将来のある時点までの間」という意味。 |
| ~を呼ぶ、求める、予報する<br><br>私がタクシーを呼びます。 | ✖「（公に）求める」「予報する」の意味でも出る。<br>例 call for applications（応募を求める）、The forecast calls for rain.（雨の予報です） |
| たとえば<br><br>多くの国、たとえば、日本と中国 | ✖同意表現のfor instanceも押さえよう。 |
| 今回は、現時点では<br><br>現時点ではこれ以上の情報はありません。 | ✖at this time of（~のこの時間は）の形でも出る。例 at this time of year（一年のこの時期は） |

| 061 ■ ■ ■ 3 4 5 6 7<br>**rather than** | Do it today **rather than** tomorrow. |
| 062 ■ ■ ■ 4 5 6 7<br>**take advantage of** | **take advantage of** a special offer |
| 063 ■ ■ ■ 4 5 6 7<br>**on behalf of** | **on behalf of** the company |
| 064 ■ ■ ■ 5 6 7<br>**prior to** | **prior to** entering the building |
| 065 ■ ■ ■ 2 3 4 5 6 7<br>**remember to do** | Please **remember to** include your contact information. |
| 066 ■ ■ ■ 1 2 3 4 5 6 7<br>**turn off** | Remember to **turn off** your mobile phone. |
| 067 ■ ■ ■ 1 2 3 4 5 6 7<br>**turn on** | She's **turning on** some lights. |
| 068 ■ ■ ■ 5 6 7<br>**be based in** | The company **is based in** Sydney. |
| 069 ■ ■ ■ 3 4 5 6 7<br>**be close to** | The hotel **is close to** public transportation. |
| 070 ■ ■ ■ 3 4 5 6 7<br>**be pleased with** | I'm very **pleased with** the service. |

| | |
|---|---|
| ～よりむしろ、～ではなく<br><br>明日ではなく今日それをしなさい。 | 😊 TOEIC の世界には、今日できることを明日に引き伸ばしてダラダラするリラックマ的な人はいない。 |
| ～を利用する<br><br>特典を利用する | 😊「人の弱みに付け込む、人を食い物にする」といった意味もあるが、TOEIC の世界にはそういう人はいないので、良い意味でしか出ない。 |
| ～を代表して<br><br>会社を代表して | ✖ パート4のスピーチや、パート7の招待状、お礼の手紙で主に出る。 |
| ～の前に<br><br>建物に入る前に | ✖ パート5・6でも出題されるので、to が前置詞で、名詞や動名詞が続く語法にも注意。 |
| 忘れずに～する<br><br>忘れずに連絡先をご記入ください。 | ✖ remember doing（～したことを覚えている）も押さえておこう。例 I remember seeing her.（彼女に会ったことを覚えています） |
| （電源を）オフにする、（水を）止める、（電気を）消す<br><br>忘れずに携帯電話をオフにしてください。 | ✖ スイッチをオフにするイメージの表現。turn off the water（水を止める）も押さえておこう。 |
| （電源を）オンにする、（水を）出す、（電気を）点ける<br><br>彼女は電気を点けている。 | ✖ パート1では、スイッチをオンにしようとする瞬間の写真を撮るのは難しいので、現在進行形はほぼ確実に誤答。Some lights have been turned on.（電気が点けられた）の現在完了形での正解例はある。 |
| ～に拠点を置く、～に本社がある<br><br>その会社はシドニーに拠点を置いている。 | ✖ パート7の本文中にこの表現があれば、「その会社の本社はシドニーにある」が正解になるので注意しよう。 |
| ～に近い<br><br>そのホテルは公共の交通機関に近い。 | ✖ 文法問題でも狙われるので、前置詞 to を伴う語法も覚えておこう。 |
| ～に満足している<br><br>私はそのサービスにとても満足しています。 | ✖ 品詞問題でも狙われるので、ed 形であることも押さえておこう。that 節を伴う語法も重要。例 We are pleased that you have chosen our service.（当社のサービスを選んでいただき、うれしいです） |

| 071 ☐☐☐ ②③④ **go over** | Let's **go over** the data. |
|---|---|
| 072 ☐☐☐ ②③④⑤⑥⑦ **look over** | Please **look over** the information. |
| 073 ☐☐☐ ②③④ **out of town** | I'll be **out of town** next week. |
| 074 ☐☐☐ ②③④⑤⑥⑦ **so far** | The book is selling well **so far**. |
| 075 ☐☐☐ ⑤⑥⑦ **as of** | **as of** January 1 |
| 076 ☐☐☐ ②③④⑤⑥⑦ **be likely to do** | Is Mr. Cho **likely to** come? |
| 077 ☐☐☐ ③④⑤⑥⑦ **look to do** | I'm **looking to** move next month. |
| 078 ☐☐☐ ②③④⑤⑥⑦ **not until** | Our meeting's **not until** next week. |
| 079 ☐☐☐ ②③④⑤⑥⑦ **be familiar with** | I'm **familiar with** the new system. |
| 080 ☐☐☐ ③④⑤⑥⑦ **free of charge** | Admission is **free of charge**. |

| | |
|---|---|
| ~をくわしく検討する<br><br>データをくわしく検討しましょう。 | ◈書類やデータ、計画などをくわしく検討する、といった文脈で、主にLで出る。 |
| ~にざっと目を通す<br><br>その情報にざっと目を通してください。 | ◈代名詞が間に入った形でも頻出。例 Please look it over. (それにざっと目を通してください) |
| 町を離れる、出張中で<br><br>私は来週、町を離れます (出張で不在です)。 | ◈直訳すると「町を離れる」の意味だが、TOEICでは、「出張中で」の意味で主に出る。類義表現の out of the office (オフィスに不在で) も重要。例 I'll be out of the office tomorrow. (私は明日オフィスに不在です) |
| これまでのところ<br><br>その本はこれまでのところよく売れている。 | ◈同じ意味の堅い表現 thus far (今まで) も押さえておこう。例 The company has made the largest donation thus far. (その会社が今までで最大の寄付をした) |
| ~付で、~時点で、~以降は<br><br>1月1日付で | ◈パート5での出題例もある重要表現。「~時点で」「~以降は」の意味でも出る。例 as of last week (先週時点で)、as of July (7月以降は) |
| ~しそうだ<br><br>Cho さんは来そうですか。 | ◈likely は形容詞に加え、副詞として、most likely (おそらく) の形で設問文に頻出する他、パート5での出題例もある。例 He will likely attend the event. (彼はおそらくそのイベントに出席するだろう) |
| ~しようとする<br><br>私は来月引っ越そうとしています。 | ◈計画や予定を表す表現で、主にLで出る。 |
| ~まではない<br><br>我々の会議は来週まではありません。 | ◈"When is our next meeting?" (我々の次の会議はいつですか) "Not until next week." (来週まではありません) のように、Not until X. (Xまではありません) はパート2の定番の答えの一つ。 |
| ~をよく知っている、~に精通している<br><br>私は新しいシステムをよく知っています。 | ◈パート5でも出題例のある重要表現。family (家族) と語源が同じなので、「家族のように慣れ親しんでいる」イメージで覚えよう。 |
| 無料で<br><br>入場は無料です。 | ◈パート7では、complimentary (無料の) と、free of charge/for free/at no cost/without charge との言い換えに注意。 |

| 081 | ☐☐☐ 234 | |
|---|---|---|
| **go ahead** | | I'll **go ahead** and place an order. |

| 082 | ☐☐☐ 234567 | |
|---|---|---|
| **on a(n) X basis** | | You will be paid **on a** monthly **basis**. |

| 083 | ☐☐☐ 34567 | |
|---|---|---|
| **plenty of** | | We'll have **plenty of** time to set up. |

| 084 | ☐☐☐ 34567 | |
|---|---|---|
| **search for** | | **search for** a replacement |

| 085 | ☐☐☐ 234567 | |
|---|---|---|
| **at work** | | Why is Tom not **at work** today? |

| 086 | ☐☐☐ 567 | |
|---|---|---|
| **be eligible for** | | You **are eligible for** paid vacation. |

| 087 | ☐☐☐ 234567 | |
|---|---|---|
| **for sale** | | look at a house **for sale** |

| 088 | ☐☐☐ 1 | |
|---|---|---|
| **in (a) line** | | Some people are waiting **in line**. |

| 089 | ☐☐☐ 34 | |
|---|---|---|
| **leave a message** | | Would you like to **leave a message**? |

| 090 | ☐☐☐ 34567 | |
|---|---|---|
| **no later than** | | **no later than** Friday |

| | |
|---|---|
| どうぞ、進んで～する<br><br>私が進んで注文を出します。 | ⊗「先に進む」の意味から、自ら進んで何かをしたり、相手を先に促したりする際に用いられる表現。例 "Can I ask a question?"（質問してもいいですか）"Sure, go ahead."（はい、どうぞ） |
| Xごとに、Xベースで<br><br>あなたには月ごとに支払いがあります。 | ⊗on a(n) hourly/daily/weekly/monthly/yearly basis（時間・日・週・月・年単位で）といった形で出る。 |
| たくさんの、十分な<br><br>セッティングに十分な時間があります。 | ⊗パート5でも狙われるので、plentyは代名詞でofを伴い、直接名詞が続かない語法にも注意。 |
| ～を探す<br><br>後任を探す | ⊗「～を探す」の意味では自動詞でforが必要。「（インターネット等を）検索する、捜索する」の意味では他動詞。例 search the Web site（ウェブを検索する） |
| 職場で、勤務中で<br><br>なぜTomは今日職場にいないのですか。 | 😑TOEICの世界には、仕事をさぼる人は存在しないので、職場に不在の理由は通常、出張中かバケーション中、もしくは病欠である。 |
| ～の資格がある<br><br>あなたは有給休暇の資格があります。 | ⊗be eligible to do（～する資格がある）と不定詞を伴う形も重要。例 You are eligible to receive paid vacation.（あなたは有給休暇を受け取る資格があります） |
| 販売用の<br><br>販売用の家を見る | ⊗海外でよく見かける、売りに出ている家の前に立てられた、赤地に白字で「FOR SALE」と書かれた看板のイメージ。 |
| 一列で<br><br>数名が一列で待っている。 | ⊗主にパート1で、人が縦一列に並んだ写真で出る。モノが並んでいる写真ではin a row（一列で）やin rows（数列で）が用いられる（P28）。 |
| 伝言を残す<br><br>伝言を残されますか。 | ⊗主にパート3の電話応対で出る表現。 |
| 遅くとも<br><br>遅くとも金曜までに | ⊗類義表現のat the latest（遅くとも）も押さえておこう（P116）。 |

| 091       5 6 7 <br> **not only X but (also) Y** | **not only** Canada **but also** Japan |
| --- | --- |
| 092       2 3 4 5 6 7 <br> **on sale** | Tickets are **on sale** at the box office. |
| 093       2 3 4 <br> **put in** | I just **put in** the request. |
| 094       2 3 4 5 6 7 <br> **used to do** | We **used to** work together. |
| 095       5 6 7 <br> **be committed to** | We **are committed to** providing quality products. |
| 096       1 2 3 4 5 6 7 <br> **in a row** | for the fifth year **in a row** |
| 097       2 3 4 <br> **look up** | Let me **look up** your account. |
| 098       1 4 7 <br> **take off** | The man's **taking off** his hat. |
| 099       1 2 3 4 5 6 7 <br> **across from** | They're seated **across from** each other. |
| 100       5 6 7 <br> **at all times** | Please wear your identification badge **at all times.** |

| | |
|---|---|
| Xだけでなくも<br><br>カナダだけでなく日本も | ◈alsoが省略された形でも出る。同意表現のnot only X but Y as wellと合わせて覚えよう。 ⚑ not only Canada but Japan as well (カナダだけでなく日本も) |
| 販売中で、セール中で<br><br>チケットはチケット売り場で販売中です。 | ◈「セール中で」の意味でも出る。 ⚑ They are on sale for only \$10. (それらはたった10ドルでセール中です) |
| ~を提出する、(時間や労力)を注ぐ<br><br>さっきリクエストを出しました。 | ◈リクエストやオファー、請求等を正式に出すこと。「(時間や労力を)注ぐ」の意味でも出る。 ⚑ She's been putting in long hours at the office recently. (彼女は最近オフィスで長時間を費やしている) |
| かつて~した<br><br>我々はかつて一緒に働いていました。 | ◈通常、「以前はそうだったが、今はもうそうではない」という意味を表す。 |
| ~に尽力している、~に努力している<br><br>我々は質の高い製品を提供することに尽力しています。 | ◈このtoは前置詞で、動名詞や名詞を伴う語法も押さえよう。 ⚑ be dedicated to (P78) |
| 連続で、一列で<br><br>5年連続で | ◈パート1では、「一列で」の意味で出る。 ⚑ Some cars are parked in a row. (数台の車が一列で停まっている) |
| (情報を求めて)調べる<br><br>あなたのアカウントをお調べします。 | ◈PC上のデータや書類等の中から必要な情報を探す、という意味。 |
| ~を脱ぐ、外す、離陸する<br><br>男性が帽子を脱ごうとしている。 | ◈パート1の誤答の選択肢で主に出る表現。「離陸する」の意味でも出る。 ⚑ A plane is taking off from a runway. (飛行機が滑走路から離陸している) |
| ~の真向かいに<br><br>彼らは互いに向き合って座っている。 | ◈パート1で出るほか、パート3・4で、建物の位置(真向かい)を答える図表問題の解答のヒントにもなる。 |
| 常時<br><br>常時身分証をご着用ください。 | ◈会議の来場者や施設の見学者等に対する注意の呼びかけで主に出る表現。 |

# TOEICに出る
# 会話表現

Conversation Expressions
from TOEIC Questions

## 1  ■ ■ ■

### I'd be happy to.

喜んで。

"Can you give the new employee some advice?"

**"I'd be happy to."**

「新入社員に少しアドバイスしてもらえますか」
「喜んで」

❌be happy to do の形も頻出。🔲 I'd be happy to help you. (喜んでお手伝いします)

## 2  ■ ■ ■

### Would you like to do ～ ?

～されますか、、
～するのはいかがですか。

"We're driving to the beach this weekend. **Would you like to** come along?"

"That would be great."

「今週末ビーチまで車で行きます。あなたも一緒に来ますか」
「それはいいですね」

❌相手の意向を尋ねる少し丁寧な表現。同僚同士の会話や店員と客の会話で頻出。

31

## 3 ■ ■ ■

### make it

うまくいく、何とか間に合う、
都合がつく

"Can you attend the reception on Friday evening?"

"I should be able to **make it**."

「金曜日の夜のパーティに参加できますか」
「都合がつくはずです」

💬「そういう状況を作る」イメージの表現で、「何とか間に合う」「うまくいく」といった意味でも出る。例 I didn't make it there in time.（そこに間に合いませんでした） Japan made it to the quarter-finals of the Rugby World Cup.（日本はラグビーワールドカップでベスト8に進出した）

## 4 ■ ■ ■

### I'm afraid

残念ながら

"Is the printer out of order again?"

"**I'm afraid** so."

「またプリンターが故障しているのですか」
「残念ながらそうです」

💬残念なことを相手に伝える丁寧な表現。パート2・3やパート7のテキストメッセージで頻出する。

## How can I help you?

どのようなご用件でしょうか。

"Thank you for calling Burns & Associates.
How can I help you?"

"May I speak to Mr. Burns, please?"

---

「Burns & Associatesにお電話ありがとうございます。どのようなご用件でしょうか」

「Burnsさんとお話しできますか」

---

🔲店員やカスタマーサービス、病院の受付などのお客様に対する挨拶の決まり文句。

## Would you like me to do 〜?

私が〜しましょうか。

"Would you like me to send you a copy of
the sales report?"

"That would be great."

---

「私があなたに販売報告書を送りましょうか」

「そうしてもらえると助かります」

---

🔲「私が〜しましょうか」と申し出る丁寧な表現。パート2・3で頻出する。同じ意味でよりカジュアルな表現がDo you want me to do 〜?

## 7

# Would you like ～?

～はいかがですか、
～は必要でしょうか。

"**Would you like** some cream in your coffee?"
"No, thanks."

「コーヒーにクリームはいかがですか」
「いいえ、結構です」

❖「～はいかがですか」という意味の丁寧な表現。店員から客への呼びかけで特に頻出。

## 8

# Would / Do you mind doing ～?

～していただいても構いませんか。

"**Would you mind** lowering the volume on your computer?"
"Not at all."

「PCの音量を下げていただいても構いませんか」
「全然構いません」

❖「～していただいても構いませんか」という丁寧な依頼表現。パート2では、Not at all.（全然構いません）が定番の答えの一つ。

## 9

### How about ～?

～はどうですか。

"What should we have for lunch?"

**"How about** sushi?**"**

「ランチに何を食べましょうか」
「寿司はどうですか」

❂パート2の質問や返答で頻出する提案表現。How about going out for lunch today?
(今日は外でランチしませんか) といった動名詞を伴う形でも頻出。

## 10

### Can you do me a favor?

お願いがあるのですが。

**"Can you do me a favor?"**

"Sure, what do you need?"

「お願いがあるのですが」
「いいですよ。何が必要ですか」

❂Could you do me a favor?の形でも出る。favorは「親切な行為」なので、直訳する
と「私に親切なことをしてもらえますか」という意味。

## 11 ■■■

### I was wondering if you could ～.

～してもらえないかなと思ってたんですが。

"**I was wondering if you could** help me with a software problem."

"Of course."

「ソフトウエアの問題を助けてもらえないかなと思ってたんですが」
「もちろんいいですよ」

💬 丁寧な依頼表現。I'm wondering ifの現在進行形や、よりカジュアルなI wonder if（～かな、～かなと思ってるんですが）も出る。例 Hi, Dan. I wonder if you can help me.（Dan、助けてもらえないかな）

## 12 ■■■

### That's too bad.

それは残念です。

"John isn't coming to the office today. He's not feeling well."

"**That's too bad.**"

「Johnは今日出勤できません。体調が悪いんです」
「それは残念です」

💬「それはひどいね」「かわいそうに」といったニュアンスで、相手への同情を示す際によく用いられる表現。類義表現のI'm/We're sorry to hear that.（お気の毒に）も出る。

## 13

### What about ～?

～はどうですか。

"We need someone with design experience on our team."

"**What about** Susan Cho?"

---

「デザインの経験がある人がうちのチームに必要です」

「Susan Cho はどうですか」

※How about～? (～はどうですか) の類義表現。「～についてあなたはどう考えますか」といった、より具体的な意見を求めるニュアンスがある。

## 14

### I see.

わかりました。

"Your password has to include both letters and numbers."

"**I see.** I'll make a new one."

---

「パスワードには、文字と数字が両方入っていないといけません」

「わかりました。新しいのを作ります」

※相手の言うことを聞き、「わかりました」「なるほど」と理解を示す表現。

## 15 ▪ ▪ ▪

### Why don't you ~?

~してはどうですか。

"I'm worried about meeting the deadline."
"**Why don't you** ask for more time?"

「締め切りに間に合うか心配です」
「もっと時間をもらえるよう頼んでみてはどうですか」

✖ 直訳すると「なぜあなたは~しないんですか」で、「~してはどうですか」という相手への提案を示す表現。

## 16 ▪ ▪ ▪

### if you wouldn't mind

もしよろしければ、
もし構わなければ

"Do you want me to work late again
 tonight?"
"Yes, **if you wouldn't mind.**"

「私が今夜また遅くまで働きましょうか」
「はい、もしよろしければ」

✖ 「あなたが構わなければ」「あなたが嫌でなければ」という意味。類義表現の if you'd like (よろしければ) も覚えておこう。

## 17

### You may/might want to do 〜.

〜した方がよいかもしれません。

"**You might want to** check your calculation."
"Why? Did you find a mistake?"

「あなたの計算をチェックした方がよいかもしれません」
「なぜですか。間違いを見つけましたか」

❀「〜した方がよいかもしれません」といったニュアンスの、丁寧な提案表現。You may want to do 〜. の形でも出る。

## 18

### Here it is.

ここにありました。、これです。

"What are you looking for?"
"The key to the file cabinet. Oh, **here it is**."

「何を探しているのですか」
「ファイル棚の鍵です。あ、ここにありました」

❀探し物を見つけた際によく用いられる表現。

## 19 ■■■

# That's not a problem. 大丈夫です。

"Can you submit the sales report by Friday?"
"Sure, **that's not a problem**."

「販売報告書を金曜日までに提出できますか」
「もちろん、大丈夫です」

❖相手からの依頼に対し、「大丈夫です」と答える際の決まり文句の一つ。Not a problem. の短縮形でも出る。

## 20 ■■■

# That sounds great. いいですね。

"If you accept our job offer, you'll have many
  opportunities for career advancement."
**"That sounds great."**

「もし当社の内定を受け入れたら、昇進のチャンスがたくさんあります」
「いいですね」

❖(That) sounds good / great / wonderful. は、「いいですね、すごいですね、素晴らしいですね」といったあいづちの決まり文句。

## 21 ◼️◼️◼️

### That sounds like a good idea.

いい考えですね。

"We should check with other suppliers. We might find a better price."

**"That sounds like a good idea."**

「他の供給業者もあたってみるべきです。もっと安い価格を見つけられる かもしれません」

「いい考えですね」

❖同じ意味を表す That's a good/great idea. や短縮形の Good/Great idea. も頻出。

## 22 ◼️◼️◼️

### Why don't we 〜?

〜しませんか。、
〜してはどうですか。

"What do you want to do this weekend?"

**"Why don't we** go see a movie?"

「今週末何をしたいですか」

「映画を観に行きませんか」

❖We should 〜. や Let's 〜. に置き換えるとわかりやすい「一緒に〜しませんか」という意味の勧誘の表現。

## 23

### Would you care to do ~?

~するのはいかがですか。、
~されたいですか。

"**Would you care to** join us for dinner?"
"I have to work late tonight."

「私たちと一緒に夕食はいかがですか」
「今晩は遅くまで働かないといけません」

※相手の意向を尋ねる丁寧な表現。Care to do ~? と Would you を省略した形でも出る。

## 24

### That's good to know.

教えてくれてありがとう、
わかってよかったです

"We finally found someone to fill the opening in tech support."
"**That's good to know.**"

「テクニカルサポートの空きを埋める人がとうとう見つかりました」
「それはよかったです」

※よい知らせを聞いた際、「教えてくれてありがとう」「いいことを聞いた」「わかってよかった」といったニュアンスを相手に伝える表現。

## 25

# Will do.

そうします。、了解です。

"Text me when you get to Cleveland so I know you arrived safely."

"**Will do.**"

「Clevelandに着いたら、無事到着したと分かるよう、私にラインしてください」
「了解です」

❌I'll do it.の略。何かを頼まれた際、「そうします」「了解です」といった気持ちを伝える表現。パート3やパート7のテキストメッセージで出る。

## 26

# either way

いずれにせよ

"Which would be faster, the bus or the train?"

"It takes about the same amount of time **either way**."

「バスと電車、どちらが早いですか」
「いずれにせよ、同じくらい時間がかかります」

❌eitherは、「イーザー（主にアメリカ英語）」「アイザー（主にイギリス英語）」のどちらの発音でも出るので注意しよう。

## 27 ⬛⬛⬛

# I can manage it.

自分で何とかできます。

"Do you need help loading your luggage into the car?"

**"I can manage it."**

「車に手荷物を積み込むのに助けが必要ですか」
「自分で何とかできます」

✖ I can manage, thanks. (自分で何とかなります。ありがとう) といった形でも出る。ほぼパート2の選択肢でしか出ないので、頭に入れておこう。

## 28 ⬛⬛⬛

# Why not?

もちろんです。

"Would you like to try a free sample of this ice cream?"

**"Sure. Why not?"**

「このアイスクリームの無料サンプルをお試しになりますか」
「はい、もちろんです」

✖ 相手の提案や誘いに対し、「もちろんです」と賛同を示す表現。Why not 〜? (〜してはどうですか) の形も押さえておこう。例 Why not join us? (あなたも参加してはどうですか)

## 29

### Would you rather X or Y?

Xの方がよいですか、それともYですか。

"**Would you rather** work alone **or** be part of a team?"

"I prefer working with other people."

「一人で仕事をするか、それともチームで働く方がよいですか」
「私は他の人と一緒に働く方が好きです」

※ほぼパート2の選択疑問文で出るので頭に入れておこう。

## 30

### you'd better

～するのが賢明だ、
～した方がよい

"Oh no! The last express train leaves in fifteen minutes."

"**You'd better** hurry to the station."

「まずい。最終の特急が15分後に出ます」
「駅まで急いだ方がいいですよ」

※you had betterの略で、「～した方がいい (そうしないとまずい)」といったニュアンスがある提案表現。

## 31 ▪▪▪

### Better than I expected.

予想以上でした。

"How did your sales trip go?"
"**Better than I expected.**"

「営業の出張はどうでしたか」
「予想以上にうまくいきました」

※ほぼパート2の選択肢でのみ出る表現。「予想以上にうまくいった」「予想以上によかった」という意味。

## 32 ▪▪▪

### I'd say

〜だろうと思う、〜かなあ

"How soon can you finish the report?"
"**I'd say** in four to five hours."

「どのくらいすぐに報告書が終わりますか」
「4、5時間後だろうと思います」

※「〜かなあ」と言ったニュアンスで、断言せず控えめに自分の意見を述べる際に用いられる。

## I wish I could.

そうしたいところですが。

"You've been working so hard lately. You should take a vacation."

"**I wish I could.** There's just too much for me to do right now."

「あなたはここの所、働き過ぎです。休みを取るべきです」
「そうしたいところですが。今やることが多すぎるんです」

※「そうしたいのはやまやまですが」「そうしたいところなんですが」と、相手の提案を断る丁寧な表現。

## let's see

えっと

"Excuse me. Do you have any rooms available?"

"**Let's see**…Yes, we have one with a twin bed."

「すみません。そちらに部屋の空きはありますか」
「えっと…。はい。ツインベッドの部屋が一つあります」

※何かを考えている際、「えっと」「そうですね」「うーん」といった意味を示すつなぎの表現。パート3で出る。

## 35

# No idea.

まったくわかりません。

"Do you know if anyone we invited is a vegetarian?"

"**No idea.** Let's ask the caterer to prepare a meatless option just in case."

「招待した人にベジタリアンがいるか知っていますか」
「まったくわかりません。万が一に備えて、ケータリング業者に肉のない オプションを用意するよう頼みましょう」

❎「まったくわからない」「見当もつかない」という意味。

## 36

# not at all

まったく〜でない、
全然構わない

"Did you study early European history in college?"

"No, **not at all**. I was a physics major."

「大学で西洋史を学びましたか」
「いいえ、まったく。私は物理学専攻でした」

❎「まったく〜でない」「全然構わない」の意味で、主にパート2の選択肢で出る。Would/ Do you mind doing〜?（〜していただいても構いませんか）に対し、「Not at all.（全然構 いません）」は正解パターンの一つ。

## 37 ■ ■ ■

### That's a relief.

安心しました。、
ほっとしました。

"The director gave us an additional month
to finish our research."

"Wow! **That's a relief.**"

「部長が調査の期間を一ヶ月延長してくれました」
「なんと! ほっとしました」

❖日本語の「ほっとした」の意味。形容詞relieved (ほっとした) を用いたI'm relieved to
hear that. (それを聞いてほっとしました) も押さえておこう。

## 38 ■ ■ ■

### What if ~?

もし、～したらどうなります
か。、もし～だったらどうしま
すか。

"Dr. Nagaoka isn't available to come to the
meeting on Tuesday."

"**What if** we scheduled it for Wednesday
instead?"

「Nagaoka博士は、火曜日の会議に来る都合が付きません」
「もし、代わりに水曜日に設定したらどうなりますか」

❖What if there's traffic? (渋滞だったらどうしますか) といった仮定の意味もあるが、
TOEICでは、主にパート3で、「もし、～したらどうなりますか」というやや遠回しな提案
の気持ちを示す際に用いられる。

## 39 ▪▪▪

# You have reached ～.

（電話で）こちらは～です。

"**You have reached** the voicemail of Robert Peterson. Please leave a message."

"Hi, Robert. It's Sally. Give me a call when you get a chance. Thanks. Bye."

---

「こちらは Robert Peterson の留守電です。伝言を残してください」
「もしもし Robert、Sally です。時間のある時にお電話ください。よろしく。では」

※留守電の決まり文句だが、最近は時代の流れで留守電自体の出題頻度が減っているため、あまり出なくなった。とはいえ、出題される可能性はあるので、頭に置いておこう。

## 40 ▪▪▪

# count me in

私を数に入れる

"There's a party on Sunday."

"**Count me in!**"

---

「日曜日にパーティがあります」
「私も数に入れてください」

※そのままの意味。パート3で出る。

## Do/Would you mind if I ~?

~しても構いませんか。

"**Do you mind if I** sit here?"

"Actually, this seat's taken. My husband went to the lobby to buy popcorn."

「ここに座っても構いませんか」

「実は、この席は取られています。主人がポップコーンを買いにロビーに行きました」

※「~しても構いませんか」と許可を相手に求める丁寧な表現。パート2・3で出る。

## Does/Would that work?

それで大丈夫ですか。

"I thought we could discuss the book project over lunch on Monday. **Does that work** for you?"

"Sure. Sounds perfect."

「月曜日にランチを食べながら本のプロジェクトについて話し合えたらなと思っていたのですが。それであなたは大丈夫ですか」

「もちろんです。完璧です」

※動詞workには、「(計画やアイデアが) うまくいく」の意味がある。この表現を直訳すると、「それでうまくいきますか」で、「それで大丈夫ですか」というニュアンスになる。

## 43 ■ ■ ■

### Either is fine.

どちらでも構いません。

"Do you want to use the desk near the entrance or the one by the window?"

**"Either is fine."**

「入口の近くか窓際か、どっちの机を使いたいですか」
「どちらでも構いません」

※「Either (way) is fine (with me). (どちらでも構いません)」は、パート2の選択疑問文の定番の答えの一つ。

## 44 ■ ■ ■

### I could use your help.

あなたの助けが必要です。

"I don't have much experience making graphics. **I could use your help.**"

"I'm a little busy right now, but I'll have some free time this afternoon."

「図表を作った経験があまりありません。あなたの助けが必要です」
「今は少し忙しいです。でも、今日の午後は時間があります」

※could useには、「〜が必要だ」「〜があるとありがたい」の意味があり、TOEICでは、I could use your help. (あなたの助けが必要です) や We could use some help. (我々は助けが必要です) の形で主にパート2・3に出る。

## it's been a while

しばらくぶりだ、久しぶりだ

"It's good to see you, Carol. **It's been a while.**"

"I know. The last time we met was six months ago."

---

「会えてよかったです。Carol。久しぶりですね」
「そうですね。前回会ったのは半年前でした」

❖英語で「久しぶり」という際の決まり文句の一つで、TOEICでも出る。あいさつの表現として、It's been a long time. (久しぶり) やHow's it going? (調子はどうですか) も押さえておこう。

## I've got to get going.

行かなければいけません。

"My appointment's at 3:00. **I've got to get going.**"

"OK. Good luck. I'll see you when you get back."

---

「アポイントが3時にあります。行かなければいけません」
「わかりました。がんばってください。戻ってきたらお会いしましょう」

❖英語で「そろそろ行かなきゃ」と言いたい時の決まり文句の一つ。TOEICでは他に、I have to go. やI'd better go.、I've got to go.を押さえておこう。

## 47

# Never mind.

気にしないで。

"You look worried. What's wrong?"

"I think I might have accidentally deleted a data file. Oh, **never mind**. I found it."

「心配そうに見えます。何か問題がありますか」

「うっかりデータファイルを削除してしまったかもしれません。あ、気にしないでください。ありました」

❋Never mind. には Don't worry. (心配しないで) の意味もあるが、TOEICでは、「(重要ではないので) 気にしないで」「(状況が変わったので) 忘れて」といった意味で主に出る。

## 48

# no matter what

何があっても

"Can you come to my birthday party?"

"I'll be there **no matter what**."

「私の誕生パーティに来れますか」

「何があっても行きます」

❋「何があっても」「絶対に」という意味の口語表現。

# No worries.

心配しないで。、気にしないで。

"Thanks for picking me up at the airport."
"**No worries.** I wasn't busy."

「空港まで車で迎えに来てくれてありがとう」
「気にしないで。忙しくなかったから」

❉Don't worry about it.同様、「心配しないで」と相手を励ます文字通りの意味に加えて、相手からの御礼に対し、「大丈夫、気にしないで」という意味のカジュアルな返事にもなる。

# We're still deciding.

まだ決めているところです。、
まだ決まっていません。

"Mike, has a venue been chosen for the convention?"
"**We're still deciding.** There are so many things to consider."

「Mike、会議の会場は選ばれましたか」
「まだ決めているところです。検討事項がたくさんあります」

❉パート2で「まだ決まっていません」は定番の答えの一つ。類義表現として、It hasn't been decided yet. (まだ決まってません) とI haven't decided yet. (まだ決めてません) も押さえておこう。

## 51

### Wouldn't you rather ～?

～した方がよくないですか。

"Maybe we should start walking back to the hotel."

"**Wouldn't you rather** catch a taxi? It's getting dark."

「そろそろホテルまで歩いて戻るべきかもしれません」
「タクシーを捕まえた方がよくないですか。暗くなってきました」

❌「～した方がよくないですか」という意味の丁寧な提案表現で、パート2で出る。

## 52

### That's it.

それで終わりです。、以上です。、それです。

"Do you need anything else?"
"No, **that's it**. Thanks."

「他に何か必要ですか」
「いいえ。以上です。ありがとう」

❌パート3の店員と客の会話や、パート7のテキストメッセージで出る表現。

## 53 ■ ■ ■

### By all means.

もちろんです。

"Can I bring Mary to the party?"
**"By all means."**

「Maryをパーティに連れてきていいですか」
「もちろんです」

⊗相手の提案に対する同意や、相手に対する許可を示す丁寧な表現。パート7のチャットでの出題例がある。

## 54 ■ ■ ■

### It could not be better deserved.

あなた以上にふさわしい人は
いません。

"I just got promoted to management!"

**"Congratulations! It could not be better deserved.** You're one of the most organized people I've ever known."

「管理職に昇進しました」
「おめでとう。あなた以上にふさわしい人はいません。あなたは私が知ってる中でもっとも管理能力が高い一人です」

⊗直訳すると、「あなた以上にそれに値する人はいないだろう」という意味。お祝いメールでも出る表現。

## 55

### let's say

（スケジュールの提案で）～は
どうですか、仮に～としましょ
う

"If we get separated at the theme park, how
will we find each other?"

"We'll plan to meet near the exit at, **let's say**,
six o'clock."

「テーマパークで別れたら、どうやってお互いを見つけますか」
「出口の近くで待ち合わせましょう。6時はどうですか」

🚃Let's say it rains tomorrow. (仮に明日雨だったとしましょう) といった仮定を表す意味
もあるが、TOEICでは、スケジュールを提案する際の、「～はどうですか」の意味で出る。

## 56

### no doubt about it

間違いない

"Dinner was fabulous! Thank you for
introducing me to that place."

"Giovanni's is the best Italian restaurant in
town. There's **no doubt about it**."

「ディナーは素晴らしかったです。あの場所を紹介してくれてありがとう
ございます」
「Giovanni'sは町で一番のイタリア料理店です。間違いありません」

🚃直訳すると「～について疑う余地はない」で、「間違いない」と確信を示す表現。類義
表現のThere's no question about it. (間違いない) も押さえておこう。

## Not again.

またか。

"My computer froze. I'm going to have to restart it."

"**Not again.** The company really needs to replace that old thing."

---

「コンピュータが固まりました。再起動しないといけません」

「またですか。会社は古いのをちゃんと取り換えるべきです」

---

※起きてほしくないことが再び起きて、「またか」「勘弁してくれ」といったうんざりした気持ちを表す口語表現。

---

## Not that I know of.

私の知る限りではそうではありません。

"Is there a post office near here?"

"**Not that I know of**, but there's a mailbox just down the street."

---

「この近くに郵便局はありますか」

「私の知る限りではありません。でも、通りのすぐ先に郵便ポストがあります」

---

※質問に対し、「(Yesの可能性もあるが) 自分の知る限りはNo」というニュアンスを伝える表現。パート2の選択肢に出るので覚えておこう。

## 59

### You are welcome.

どういたしまして。

"Thanks for your help with the presentation."
"You're welcome."

「プレゼンを手伝って頂いてありがとうございます」
「どういたしまして」

❂御礼への返答としては、No problem. (問題ありません)、(It's) my pleasure. (どういたしまして)、Don't worry about it. (気にしないで)、That's all right. (大丈夫です) 等もTOEICでは出る。

## 60

### What's up?

どうしたの。

"Jack, can you give me a hand?"
"Sure, what's up?"

「Jack、手を貸してもらえますか」
「もちろん。どうしたの」

❂What's up?は、親しい人同士の、「調子はどう」「何やってるの」といったカジュアルな挨拶にも使われるが、TOEICでは、この「どうしたの」の意味で出題例がある。

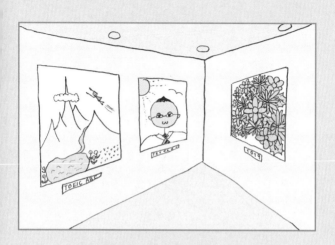

---

**1** ■ ■ ■

### artwork

名 芸術作品

Some **artwork** has been hung on the walls.

芸術作品がいくつか壁に掛けられた。

✖️パート1では、painting (絵) の言い換えで頻出。「アートワーク」ではなく「アロワ」のように聞こえるので、発音にも注意。

## 2 ■■■

### board

動 乗り込む　名 板

**Passengers are boarding a bus.**

乗客がバスに乗り込んでいる。

☺ TOEICの世界には、発車間際に駆け込み乗車する人は存在しない。

## browse

動 (店内を) 見て回る、(本・雑誌などを) ざっと読む

A man is **browsing** through a book.

男性が本にざっと目を通している。

❌パート1では、「(店内を) 見て回る」の意味でも出題例がある。例 People are browsing some items. (人々が商品を見て回っている)

## 4 ■■■

### button

動 ボタンを留める

A woman is **buttoning** her coat.

女性がコートのボタンを留めている。

⊗ 名詞でボタンの意味もあるが。パート1では動詞で出る。A woman is buttoning up her coat.と up が付いても同じ意味。

5 ■ ■ ■

## ceiling

名 天井

## Some **ceiling** lights have been turned on.

天井のライトが点けられた。

❌点灯している瞬間は写真にできないので、Some ceiling lights are being turned on.（天井のライトが点けられているところだ）のような現在進行形は不正解。

## 6 ■ ■ ■

### change

名 お釣り、小銭　動 変える

A customer is receiving some **change**.

客がお釣りを受け取っている。

※changeには名詞で「お釣り、小銭」の意味があり、Lで出るので頭に入れておこう。

## 7 ■■■

**curb**

名 縁石 (歩道と車道の間にある石の段差)

A car is parked at a **curb**.

車が縁石に停まっている。

❈ パート1謎単語 (日常生活での使用頻度が少ないのに出題される単語) の一つ。「曲線」を意味する curve (カーブ) との混同に注意。

## 8 ■ ■ ■

### descend

動 下りる、降りる

**They're descending the stairs.**

彼らは階段を下りている。

❌ パート1で出題例のある難語。「(階段を) 下りる」の意味では、walk down や go down も出る。

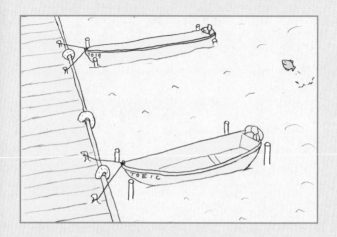

## dock

名 船着き場　動 停泊させる

## Some boats are tied to the **dock**.

船が船着き場につながれている。

※pier（桟橋）と並ぶパート1海の謎単語。動詞でも出る。例 Some boats are docked at a harbor.（数隻の船が港に停泊している）

## 10

# drawer

名 引き出し

## She's looking in a **drawer**.

彼女は引き出しの中を見ている。

😊 TOEICの世界では、引き出しの最上段からヘソクリやドラえもんが出てくることはない。

次の駅へ！

# Station 2

101 - 200

| | |
|---|---|
| **101**     234 <br> **come up with** | Have you **come up with** any ideas? |
| **102**     34 <br> **in that case** | **In that case**, I'll wait. |
| **103**     1567 <br> **lead to** | The snowstorm **led to** flight cancellations last night. |
| **104**     234567 <br> **on one's way** | I'm **on my way** home. |
| **105**     34567 <br> **take a moment** | Please **take a moment** to complete the survey. |
| **106**     134 <br> **try on** | She's **trying on** a pair of shoes. |
| **107**     567 <br> **be involved in/with** | Ms. Thompson **is involved in** the project. |
| **108**     234 <br> **be wrong with** | There's something **wrong with** my computer. |
| **109**     234567 <br> **behind schedule** | We're **behind schedule**. |
| **110**     34 <br> **by the way** | **By the way**, Robert just called. |

| | |
|---|---|
| ~を思いつく<br><br>何かアイデアを思いつきましたか。 | 😊 TOEICの世界では、何かアイデアを出すと、スルーされることはなく、「いいね」「素晴らしい」などとほめられるか、最悪でも検討はしてもらえる。 |
| その場合<br><br>その場合、私は待ちます。 | ❌「黒は在庫切れで来週入荷します。白ならあります」「それなら待ちます」といった形で、主にパート3の会話で出る。 |
| (原因が) ~につながる、(道等が) ~に続く<br><br>吹雪が昨晩、フライトのキャンセルにつながった。 | ❌「要因 lead to 結果」の形で出るほか、パート1では「~に続く」の意味で出る。📘 Some steps lead to a building.（階段が建物に続いている） |
| 途中で<br><br>私は帰宅途中です。 | ❌主にパート3や、パート7のテキストメッセージのやり取りで出る。「~のついでに」といったニュアンスでも使われる。📘 I'll drop by the supermarket on my way home.（家に帰るついでにスーパーに寄ります） |
| 少し時間を取る<br><br>少し時間を取ってアンケート調査にご記入ください。 | ❌ Just a moment.（少々お待ちください）や Give me a moment.（少しお時間をください）といった関連表現も覚えておこう。 |
| ~を試着する<br><br>彼女は靴を試着している。 | ❌パート1や、パート3の店員と客の会話で主に出る。 |
| ~に関わっている<br><br>Thompson さんはそのプロジェクトに関わっている。 | ❌前置詞は in / with のどちらでも同じ意味で両方出る。 |
| ~の調子が悪い、~がおかしい<br><br>コンピュータの調子が悪い。 | ❌主にパート3で、故障の修理依頼の会話で出る。 |
| 予定より遅れて<br><br>我々は予定より遅れています。 | 😊 TOEICの世界では、何事も予定より遅れるのが普通なので、この表現も頻出。 |
| ところで<br><br>ところで、さっき Robert から電話がありました。 | ❌一般的には、メールやテキストメッセージではしばしば BTW と略されるが、TOEICではまだこの略語は出ていない。 |

| | |
|---|---|
| **111** 347 <br> **get back to** | I'll **get back to** you. |
| **112** 34567 <br> **in place** | Detours are **in place** on Elm Street. |
| **113** 567 <br> **in response to** | **in response to** customer demand |
| **114** 34567 <br> **point out** | **point out** a mistake |
| **115** 34567 <br> **be satisfied with** | **Were** you **satisfied with** the service? |
| **116** 4567 <br> **be welcome to do** | All employees **are welcome to** attend the workshop. |
| **117** 234 <br> **come by** | I'll **come by** your office tomorrow. |
| **118** 234 <br> **for a while** | I haven't seen Robert **for a while**. |
| **119** 234567 <br> **in writing** | Please notify us **in writing**. |
| **120** 1 <br> **lean against** | A ladder is **leaning against** a wall. |

| | |
|---|---|
| ~に折り返し連絡をする、~に戻る<br><br>折り返しご連絡します。 | ❌Please get back to me as soon as you can. (できるだけ早く折り返しご連絡ください) といった形でも出る。「~に戻る」の意味でも出る。<br>📝 get back to the office (オフィスに戻る) |
| 用意されている、所定の位置に<br><br>Elm Street に迂回路が用意されています。 | ❌準備ができて使える様子を表す。「所定の位置に」の意味でも出る。📝 The chairs are in place for the concert. (コンサート用の椅子が所定の位置にある) |
| ~に応えて<br><br>お客様の需要に応えて | 😊 TOEIC の世界には、お客様の声や需要を無視する企業は存在しない。 |
| ~を指摘する<br><br>ミスを指摘する | 😊 TOEIC の世界には、ミスは指摘しても、それを責めたてる人はいない。 |
| ~に満足している<br><br>あなたはサービスに満足しましたか。 | ❌品詞問題でも出るので、ed 形であることも押さえよう。 |
| どうぞ~してください、~していただいて結構です<br><br>従業員の皆さんはどうぞその研修会にご参加ください。 | ❌「自由に~してください」という意味。<br>Welcome to our team. (わがチームへようこそ) のような「Welcome to X (Xへようこそ)」との違いにも注意。 |
| 立ち寄る、やって来る、手に入れる<br><br>あなたのオフィスに明日立ち寄ります。 | ❌「手に入れる」の意味もあるが、TOEIC では主にこの「立ち寄る」の意味で出る。 |
| しばらくの間<br><br>Robert にしばらく会っていません。 | ❌リスニングでは、「フォー ア ホワイル」ではなく、「フォーラワイル」のように聞こえるので、発音にも注意。 |
| 書面で<br><br>書面でお知らせください。 | 😊 TOEIC の世界では、言った言わないの言い争いは起きないが、念のため契約書や合意内容を書面で依頼するケースがよくある。 |
| ~に寄り掛かる、~にもたれかかる<br><br>ハシゴが壁に立てかけられている。 | ❌パート1では、ハシゴや自転車、人が何かに寄り掛かっていたら、lean (寄り掛かる) を意識しよう。📝 He's leaning on a railing. (彼は手すりに寄り掛かっている) |

| | |
|---|---|
| **121** ☐☐☐ 1234567<br>**look into** | **look into** some options |
| **122** ☐☐☐ 234567<br>**take over** | Ms. Patel **took over** the manager position. |
| **123** ☐☐☐ 234567<br>**within walking distance** | Is the restaurant **within walking distance**? |
| **124** ☐☐☐ 567<br>**as a result of** | **as a result of** customer feedback |
| **125** ☐☐☐ 4567<br>**be delighted to do** | I'm **delighted to** receive this prestigious award. |
| **126** ☐☐☐ 34567<br>**be equipped with** | All rooms **are equipped with** high-speed Internet access. |
| **127** ☐☐☐ 567<br>**be subject to** | The tour schedule **is subject to** change. |
| **128** ☐☐☐ 567<br>**carry out** | The survey was **carried out** last week. |
| **129** ☐☐☐ 1234<br>**hang up** | A woman is **hanging up** a sign. |
| **130** ☐☐☐ 234567<br>**make sense** | That **makes sense**. |

| | |
|---|---|
| (問題や状況等を) 調査する、~をのぞき込む<br><br>いくつかの選択肢を調査する | ❌パート1では、「~をのぞき込む」の意味で出る。例 Some people are looking into a display case. (数名が展示ケースをのぞき込んでいる) |
| ~を引き継ぐ<br><br>Patelさんがマネージャー職を引き継ぎました。 | ❌他人が行っていたことをtake (取る) して、over (上から覆う) イメージ。「乗っ取る」の意味もあるが、TOEICでは「引き継ぐ」の意味で出る。 |
| 徒歩圏内<br><br>そのレストランは徒歩圏内ですか。 | ❌withinは「範囲を超えない」イメージの前置詞。例 within 30 days (30日以内に)、within the company (社内で)、within the industry (業界内で)、within the budget (予算内で) |
| ~の結果として<br><br>お客様の意見の結果として | ❌接続副詞のas a result (結果として) も主にパート6・7で出る。例 As a result, we have achieved record-high profits. (結果として、我々は史上最高の利益を達成した) |
| ~できてとてもうれしい<br><br>この栄誉ある賞を受賞できてとてもうれしいです。 | ❌品詞問題でも出題されるので、ed形であることも押さえておこう。that節を伴う語法も押さえたい。例 We are delighted that you enjoyed your stay. (あなたが滞在を楽しまれて、とてもうれしいです) |
| ~が備わっている<br><br>全室高速インターネットが備わっています。 | ❌パート5での出題例もあるので、フレーズで頭に入れよう。 |
| ~の対象となる、~になる場合がある<br><br>ツアーのスケジュールは変更になる場合があります。 | ❌このtoは前置詞で、動名詞や名詞を伴う語法も重要 (例文のchangeは名詞)。 |
| ~を実行する<br><br>そのアンケート調査は先週行われた。 | ❌conduct (実行する) の意味 (P148)。carry out work (作業を行う)、carry out a survey (アンケート調査を行う)、carry out a task (任務を行う) といった形で出る。 |
| ~を掛ける、電話を切る<br><br>女性が看板を掛けている。 | ❌パート1では、「電話を切る」の意味で誤答の選択肢にも出るので注意しよう。例 A man is hanging up the phone. (男性が電話を切ろうとしている) |
| 理にかなう、意味が分かる、当然である<br><br>それは理にかなっています。 | ❌That makes sense. は、日本語の「なるほど」のイメージ。It doesn't make sense. は「訳が分からない」という意味。 |

| 131 | 34567 | She is **on duty**. |
| --- | --- | --- |
| **on duty** | | |

| 132 | 1234567 | The stadium is still **under construction**. |
| --- | --- | --- |
| **under construction** | | |

| 133 | 34567 | tourists **and** residents **alike** |
| --- | --- | --- |
| **X and Y alike** | | |

| 134 | 567 | We **are dedicated to** protecting the environment. |
| --- | --- | --- |
| **be dedicated to** | | |

| 135 | 34567 | E-mail the documents **in time for** the meeting. |
| --- | --- | --- |
| **in time for** | | |

| 136 | 567 | **with regard to** your question |
| --- | --- | --- |
| **in/with regard to** | | |

| 137 | 4567 | **Keep in mind that** prices may change. |
| --- | --- | --- |
| **keep in mind that** | | |

| 138 | 34567 | Welcome **on board**! |
| --- | --- | --- |
| **on board** | | |

| 139 | 567 | The event is **open to the public**. |
| --- | --- | --- |
| **open to the public** | | |

| 140 | 234567 | **put together** a list |
| --- | --- | --- |
| **put together** | | |

| 勤務中で | |
|---|---|
| 彼女は勤務中です。 | ✕病院や警備等、交代制の勤務に主に使われる表現。 |

| 工事中で | |
|---|---|
| そのスタジアムはまだ工事中です。 | ✕underを用いたその他の重要表現。under review (検討中)、under renovation (改装中)、under warranty (保証期間中)、under way (進行中)。「状況下」「条件下」のイメージ。 |

| XもYも同様に | |
|---|---|
| 観光客も住民も同様に | ✕alikeは、TOEICでは、ほぼこのX and Y alikeの形で出る。パート5での出題例もあるので覚えておこう。例 students and teachers alike (学生も先生も同様に) |

| ~に尽力している、~に特化した | |
|---|---|
| 我々は環境の保護に尽力しています。 | ✕「~に特化した」の意味でも出る。例 a magazine dedicated to science fiction (SFに特化した雑誌)「すべてを捧げる」イメージをつかもう。類 be committed to (P28)、be devoted to (P134) |

| ~に間に合って、~に間に合うように | |
|---|---|
| 会議に間に合うよう書類をメールしてください。 | ✕in time (間に合って、時間までには) の形でも出る。例 I'll be there in time. (時間までにはそこにいます) |

| ~に関して | |
|---|---|
| あなたの質問に関して | ✕inとwithどちらでも同じ意味で、両方の形で出る。前置詞のregarding (~に関して) と同じ意味。 |

| ~を念頭に置く | |
|---|---|
| 値段は変わるかもしれないことを念頭に置いてください。 | ✕bear in mind thatでも同じ意味で、どちらの形でも出る。 |

| (乗り物に) 乗っている、(会社や団体の) 一員である | |
|---|---|
| ご搭乗 (乗船) ありがとうございます (当社へようこそ) ! | ✕「飛行機や船に乗っている」の意味から派生して、「会社や団体の一員である」の意味もある。例 We're pleased to have Mr. Gonzalez on board. (Gonzalezさんが加わってくれてうれしいです) |

| 一般公開されている | |
|---|---|
| そのイベントは一般公開されています。 | ✕the public (一般の人) に公開されている、という意味。 |

| ~を取りまとめる、組み立てる | |
|---|---|
| リストを取りまとめる | ✕「(イベントや提案等を) 取りまとめる」の意味で主に出る。 |

| 141 234567 **ahead of schedule** | The project was completed **ahead of schedule**. |
| --- | --- |
| 142 567 **an array of** | **an array of** products and services |
| 143 456⁷ **as always** | **As always**, flights were delayed. |
| 144 234567 **be aware of** | The company **is aware of** the problem. |
| 145 567 **be suitable for** | Our fitness programs **are suitable for** all ages. |
| 146 234567 **can afford to do** | The company **cannot afford to** pay for overtime. |
| 147 234567 **day off** | Today is his **day off**. |
| 148 234 **drop by** | Please **drop by** my office. |
| 149 1234 **get into** | She's **getting into** a vehicle. |
| 150 234 **get to work** | How do you **get to work**? |

| | |
|---|---|
| 予定より早く<br><br>そのプロジェクトは予定より早く完了しました。 | ✗反意表現の behind schedule (予定より遅れて) と合わせて頻出 (P72)。 |
| たくさんの、ずらりと並んだ<br><br>ずらりと並んだ製品やサービス | 同種の人やモノがたくさんある様子を主に表す。例 an array of colors/shops/paintings (たくさんの色・店・絵) |
| いつものように<br><br>いつものように、フライトは遅れた。 | TOEIC愛好家の間では、自分の乗るフライトが遅れると、「リアルTOEIC!」などとコメントを添えつつ、その様子をSNS上にUPするケースがよく見られる。 |
| ～に気付く、～を知っておく<br><br>その会社は問題に気付いている。 | ✗Please be aware that SV. (SがVすることをご承知おきください) の形も合わせて覚えておこう。 |
| ～に適している、～にぴったりだ<br><br>我々の運動プログラムはあらゆる年代に適しています。 | ✗主にRの製品やサービスの宣伝で出る。 |
| ～する (お金の) 余裕がある<br><br>その会社は残業代を払う余裕がありません。 | TOEICの世界には、サービス残業や休日出勤を強制するブラック企業は存在しない。 |
| 休み<br><br>今日は彼はお休みです。 | ✗take/have a day off (休みを取る) の形でも出る。例 I'm taking a few days off during the summer. (夏の間に数日休みを取る予定です) |
| 立ち寄る<br><br>私のオフィスに立ち寄ってください。 | ✗同意表現の stop by (P16) や come by (P74) と合わせて頻出。 |
| (場所に) 入る<br><br>彼女は乗り物に入ろうとしている。 | ✗TOEICでは、パート1の車や船に乗ろうとしている人の写真や、「(建物に) 入る」の意味で出る。例 I just got into the office. (さっき出社しました) |
| 出勤する、職場に着く、仕事に取り掛かる<br><br>どうやって通勤しているのですか。 | ✗「仕事に取り掛かる」の意味でも出る。例 Let's get to work. (仕事に取り掛かりましょう) |

**151 go through** — go through a new catalog

**152 grow up** — He was born in Tokyo but grew up in Mumbai.

**153 hand out** — They're handing out some flyers.

**154 in particular** — Children in particular will love this movie.

**155 put away** — A woman is putting away some books.

**156 quite a few** — Quite a few people signed up.

**157 related to** — laws related to employment

**158 take a break** — Let's take a break.

**159 take part in** — take part in a workshop

**160 associated with** — costs associated with relocation

82

| | |
|---|---|
| ~に目を通す、(提案や要求等が) 通る<br><br>新しいカタログに目を通す | ⬛「(提案や要求等が) 通る」の意味でも出る。例<br>The proposal went through. (その提案は通った) |
| 育つ<br><br>彼は東京生まれだが、Mumbai で育った。 | ⬛パート7で、「彼は子供の頃、Mumbaiに住んでいた」といった選択肢の正解の根拠になるので注意しよう。 |
| ~を配る<br><br>彼らはチラシを配っている。 | ⬛チラシやパンフレット、アンケート用紙を配る、といった文脈で主にLで出る。 |
| 特に<br><br>特に子供がこの映画を好きになるでしょう。 | ⬛especially/particularly (特に) の意味。 |
| ~を片付ける<br><br>女性が数冊の本を片付けている。 | ⬛パート1の選択肢でたまに出るが、これまでの所、正解になったことはない。明らかに「片付けている」と分かる写真を撮るのが難しいからだろう。 |
| かなりの数の<br><br>かなりの数の人が申し込みました。 | ⬛類義表現のquite a bit/lot (かなり) も押さえておこう。例 I travel quite a bit/lot for work. (私はかなり出張します) |
| ~に関連した、~と親戚である<br><br>雇用関連の法律 | ⬛「親戚である」の意味でも出る。例 Are you related to him? (彼と親戚ですか) |
| 休憩する<br><br>休憩しましょう。 | ⬛breakは「休憩」の意味では可算名詞。キットカットのキャッチフレーズにも、"Have a break, have a KitKat."と冠詞のaが入っている。 |
| ~に参加する<br><br>研修会に参加する | ⬛同じ意味のparticipate inも出る (P93)。 |
| ~に関連した、付随した、伴う<br><br>移転に伴うコスト | ⬛「結び付いている」「くっ付いてくる」「つながりがある」イメージの表現。 |

| 161 ▢▢▢ 4567 **be followed by** | The speech **was followed by** a reception. |
| 162 ▢▢▢ 234 **catch a train** | I have to **catch a train** soon. |
| 163 ▢▢▢ 34567 **different from** | **different from** other companies |
| 164 ▢▢▢ 234 **get back** | I just **got back** from vacation. |
| 165 ▢▢▢ 1234 **get off** | Let's **get off** at the next stop. |
| 166 ▢▢▢ 1234 **get out** | I just **got out** of work. |
| 167 ▢▢▢ 567 **have in common** | What do the two companies **have in common**? |
| 168 ▢▢▢ 567 **in need of** | The hotel is **in need of** renovation. |
| 169 ▢▢▢ 567 **in the process of** | We are **in the process of** relocating. |
| 170 ▢▢▢ 34567 **make room for** | **make room for** new merchandise |

| | |
|---|---|
| 〜が後に続く、〜が後に行われる<br><br>スピーチの後にパーティが行われた。 | ❌ パート7の選択肢で、A party was held after the speech. のように言い換えられて正解になることがあるので、前後関係にも注意。 |
| 電車に乗る<br><br>もうすぐ電車に乗らなければなりません。 | ❌ catch a bus (バスに乗る)、catch a plane (飛行機に乗る) といった形でも出る。 |
| 〜とは違っている、異なる<br><br>他の会社とは異なる | ❌ 形容詞 different (異なった) に加えて、動詞 differ (異なる) も differ from (〜とは異なる) の形で出る (P98)。 |
| 戻る<br><br>休暇から戻ったばかりです。 | ❌ 関連表現の get back to (〜に折り返し連絡をする) も頻出 (P74)。 |
| 降りる、電話を切る<br><br>次の駅で降りましょう。 | ❌ TOEICでは、バスや電車、飛行機から降りる、の意味で主に出る。「電話を切る」の意味も押さえておこう。例 I just got off the phone with her. (彼女との電話を切ったばかりです) |
| 外に出る<br><br>職場を出たばかりです。 | ❌ パート1でも出る。<br>例 A man is getting out of a vehicle. (男性が乗り物から外に出ようとしている) |
| 共通している、共通して持っている<br><br>その2社に共通しているのは何ですか。 | ❌ 主に、パート7の二文書・三文書問題の設問文で出る。その場合、複数の文書上の情報を関連付けて解く「クロス問題」の可能性が高い。 |
| 〜が必要だ<br><br>そのホテルは改装が必要だ。 | ❌ in great/urgent need of (〜がすごく・緊急に必要だ) のように形容詞を伴う形でも出る。パート5・6でも狙われるので、頭に入れておこう。 |
| 〜の最中で<br><br>我々は移転している最中です。 | ❌ 文法問題でも狙われるので、in the process of doing (〜している最中だ) と動名詞を伴う語法にも注意。 |
| 〜のためにスペースを空ける<br><br>新商品のためにスペースを空ける | ❌ この room は「スペース」の意味の不可算名詞であることにも注意。 |

| | |
|---|---|
| **171**    5 6 7 <br> **on the premises** | Free parking is available **on the premises**. |
| **172**    2 3 4 5 6 7 <br> **out of stock** | The item is temporarily **out of stock**. |
| **173**    1 <br> **reach for** | A woman is **reaching for** a book. |
| **174**    1 <br> **side by side** | They're walking **side by side**. |
| **175**    5 6 7 <br> **take one's place** | Alex Tanaka offered to **take my place**. |
| **176**    3 4 5 6 7 <br> **take up** | **take up** a lot of space |
| **177**    6 7 <br> **thank you for your patience** | **Thank you for your patience** and understanding. |
| **178**    3 4 5 6 7 <br> **that is why** | **That's why** I wrote the book. |
| **179**    2 3 4 <br> **a while ago** | I saw her **a while ago**. |
| **180**    5 6 7 <br> **account for** | **account for** 60 percent of sales |

| | |
|---|---|
| 敷地内で<br><br>無料の駐車場が敷地内にあります。 | ✗「建物＋土地」のことで、文脈によって「敷地内」「社内」「店内」「施設内」といったさまざまな意味になる。 |
| 在庫切れ<br><br>その品物は一時的に在庫切れです。 | ✗在庫があれば in stock。例 The item is in stock now. (その品物は今在庫があります)<br>TOEIC でよく発生する「紙切れ」は out of paper。 |
| ~に手を伸ばす<br><br>女性が本に手を伸ばしている。 | ✗reach は、パート1以外のパートでは、「連絡を取る」「到達する」といった意味の他動詞で出る。例 What's the best way to reach you? (どうやってあなたに連絡を取るのが一番良いですか) |
| 並んで<br><br>彼らは並んで歩いている。 | ✗パート1で、人が並んで歩いたり座ったりしている写真の他、エスカレーターの写真でも出題例がある表現。例 Two escalators are running side by side. (2つのエスカレーターが並んで動いている) |
| 代わりを務める<br><br>Alex Tanaka が私の代わりを務めると申し出ました。 | ✗類義表現の in one's place (~の代わりに) も押さえておこう。例 Alex attended the meeting in my place. (Alex が私の代わりに会議に参加した) |
| (時間や場所を) 取る、(何かを定期的に) 始める<br><br>たくさんの場所を取る | ✗TOEIC では、スペースや時間を取る、の意味で主に出るが、「始める」の意味でも出る。例 Masaya has taken up jogging. (Masaya はジョギングを始めた) |
| ご辛抱いただきありがとうございます。<br><br>ご辛抱・ご理解いただきありがとうございます。 | ✗お客様へのお詫びの手紙や、工事やサービス休止の案内等の締めの決まり文句。 |
| それだからこそ、そういう訳で<br><br>そういう訳で、私はその本を書いたのです。 | ✗「熟語を知らないと、前後の文脈がないパート2では、質問の意味がまったくわからなくなります。そういう訳で…」のように理由を説明する際に用いられる。 |
| ちょっと前に、さっき<br><br>彼女をちょっと前に見かけました。 | ✗はっきりした時間を示さず、「さっき」と言いたい時に使われる口語表現。 |
| ~の割合を占める、~の原因となる、~を説明する<br><br>売上の60パーセントを占める | ✗「~の原因となる」「~を説明する」の意味もあるが、TOEIC ではこの「~の割合を占める」の意味が最頻出。 |

| | |
|---|---|
| **181**     `2` `3`<br>**after all** | Paul was right, **after all**. |
| **182**     `4` `5` `6` `7`<br>**along the way** | take a break **along the way** |
| **183**     `7`<br>**as follows** | Our office hours are **as follows**: |
| **184**     `5` `6` `7`<br>**as for** | **As for** me, I don't like sports. |
| **185**     `3` `4` `5` `6` `7`<br>**as usual** | The printer is broken **as usual**. |
| **186**     `3` `4` `5` `6` `7`<br>**be eager to do** | We **are eager to** work with you. |
| **187**     `3` `4` `5` `6` `7`<br>**be similar to** | Your idea **is similar to** mine. |
| **188**     `2` `3` `4`<br>**come along** | Jane and Frank will **come along**, too. |
| **189**     `2` `3` `4` `5` `6` `7`<br>**draw up** | **draw up** a contract |
| **190**     `2` `3` `4` `5` `6` `7`<br>**every other** | water the plants **every other** day |

| | |
|---|---|
| (予想に反して) 結局は、(何だかんだ言っても) 結局は<br><br>結局、Paulは正しかった。 | ✗「(予想に反して) 結局は」のほか、「(何だかんだ言っても) 結局は」の意味でも出る。例 Don't worry. After all, it's not your fault. (心配しないでください。結局、それはあなたのせいではありません) |
| 途中で<br><br>途中で休憩を取る | ✗ パート4やパート7のツアー内容の説明で主に出る。 |
| 以下の通り<br><br>我々の営業時間は以下の通りです。 | ✗ パート7の旅程表や営業時間の案内等で出る。 |
| ～に関して言うと、～に関してですが<br><br>私に関して言うと、スポーツは好きではありません。 | ✗「～に関してですが」と、前文に情報を付け加える際に用いられる表現で、主にパート6・7で出る。 |
| いつものように<br><br>いつものように、プリンターは壊れています。 | ☺ TOEICの世界では、プリンターの故障やフライトの遅れ、医師のアポの変更はむしろ平常運転。 |
| ～したがる、～することを熱望している<br><br>我々はあなたと一緒にお仕事することを熱望しています。 | ✗ 何かをすることを熱望する、何かを心待ちにしている様子を表す。 |
| ～に似ている<br><br>あなたの考えは私のと似ています。 | ☺ TOEICの世界には、類似はあっても、悪意のあるパクリは存在しない。 |
| 一緒に来る、進む<br><br>JaneとFrankも一緒に来ます。 | ✗「(順調に) 進む」の意味でも出る。例 How's the project coming along? (プロジェクトはどのように進んでいますか) |
| ～を作成する、書き上げる<br><br>契約書を作成する | ✗ 予算や契約書、提案、設計図等を作成する、書き上げる、といった文脈で用いられる。 |
| 1つおきの<br><br>一日おきに植物に水をやる | ✗ every other day/week/month/year (隔日・週・月・年) といった形で出る。隔週月曜なら every other Monday。 |

89

| 191 | 2 3 4 | figure out how to solve a problem |
| --- | --- | --- |
| **figure out** | | |

| 192 | 3 4 5 6 7 | We've worked together **for years**. |
| --- | --- | --- |
| **for years** | | |

| 193 | 2 3 4 | **get in touch with** technical support |
| --- | --- | --- |
| **get in touch with** | | |

| 194 | 4 5 6 7 | After graduating from college, he **went on to** teach English. |
| --- | --- | --- |
| **go on to do** | | |

| 195 | 5 6 7 | He explained the procedure **in detail**. |
| --- | --- | --- |
| **in detail** | | |

| 196 | 5 6 7 | **in terms of** price and quality |
| --- | --- | --- |
| **in terms of** | | |

| 197 | 4 5 6 7 | **keep track of** sales |
| --- | --- | --- |
| **keep track of** | | |

| 198 | 3 4 5 6 | **keep up with** the latest news |
| --- | --- | --- |
| **keep up with** | | |

| 199 | 2 3 4 5 6 7 | We were able to **meet the deadline**. |
| --- | --- | --- |
| **meet a deadline** | | |

| 200 | 5 6 7 | **meet the needs** of customers |
| --- | --- | --- |
| **meet the needs** | | |

| | |
|---|---|
| (解決策や原因が) わかる、(答えを) 見つけ出す<br><br>問題をどうやって解決するかがわかる | ◙問題点や状況について考えて、解決策や原因を見つけ出すこと。 |
| 長年<br><br>私たちは長年一緒に働いて来ました。 | ◙類義表現の for many years (長年) や、関連表現の for many years to come (この先何年も) も押さえておこう (P214)。 |
| ~と連絡を取る<br><br>テクニカルサポートに連絡を取る | ◙「電話やメール、手紙等でコンタクトする」という意味。 |
| さらに続けて~する、その後~するようになる<br><br>大学を卒業後、続いて彼は英語を教えるようになった。 | ◙go on to X (Xに進む) の形でも出る。例 Go on to the next page. (次のページに進んでください) |
| くわしく<br><br>彼はその手順をくわしく説明した。 | ◙関連表現の in more/further/greater detail (よりくわしく) や in great detail (非常にくわしく) も覚えておこう。 |
| ~の点で<br><br>価格と質の点で | ◙契約条件や利用規約等に用いられる terms and conditions (諸条件) も重要表現。 |
| ~の記録を付ける、~の経過を追う<br><br>売上の記録を付ける | ◙売上や取引、勤務時間等の記録を付ける、の意味で、新システムの説明や、ソフトやアプリの機能紹介等で主に出る。 |
| ~に遅れずについていく、~に追いつく<br><br>最新のニュースに遅れずについていく | ◙最新情報や競争相手、締め切り等に遅れずについていく、といった文脈で出る。 |
| 締め切りに間に合わせる<br><br>我々は締め切りに間に合わせることができました。 | ◙関連表現で、miss a deadline (締め切りに間に合わない) も押さえておこう。 |
| 需要を満たす<br><br>お客様の需要を満たす | ◙meet は「会う」以外にさまざまな意味で出る多義語 (P138)。 |

# Supplement 2

# TOEICに出る
# 「動詞＋前置詞」

Verbs and Prepositions
from TOEIC Questions

| | |
|---|---|
| **1** **participate in** | 〜に参加する |
| **participate in** a survey | |
| アンケート調査に参加する | |
| **2** **apologize for** | 〜をお詫びする |
| **apologize for** the inconvenience | |
| 不便をお詫びする | |
| **3** **inquire about** | 〜について尋ねる |
| **inquire about** job openings | |
| 仕事の空きについて尋ねる | |
| **4** **register for** | 〜に登録する |
| **register for** a class | |
| クラスに登録する | |
| **5** **focus on** | （注意・意識等を）〜に集中させる、重点を置く |
| **focus on** one area | |
| 一つの分野に集中する | |

| **6** | **arrange for X to do** | Xが～する手配をする |
|---|---|---|

I'll **arrange for** you **to** meet with Mr. Kato.

あなたがKatoさんとお会いする手配を私がいたします。

| **7** | **respond to** | ～に返事をする |
|---|---|---|

**respond to** an e-mail

メールに返事をする

| **8** | **result in** | 結果として～になる |
|---|---|---|

The campaign **resulted in** success.

そのキャンペーンは結果として成功した。

| **9** | **specialize in** | ～を専門とする |
|---|---|---|

We **specialize in** tours of Tokyo.

当社は東京のツアーを専門としています。

| **10** | **prepare for** | ～の準備をする |
|---|---|---|

**prepare for** an upcoming workshop

今度の研修会の準備をする

| 11 | **provide X with Y** | XにYを提供する |
|---|---|---|

Please **provide** us **with** more information.

我々にもっと情報を提供してください。

| 12 | **complain about** | ～について文句を言う |
|---|---|---|

**complain about** a service

サービスについて文句を言う

| 13 | **attach X to Y** | XをYに添付する |
|---|---|---|

**attach** a schedule **to** an e-mail

スケジュールをメールに添付する

| 14 | **compared to/with** | ～と比べて |
|---|---|---|

**compared to/with** other hotels

他のホテルと比べて

| 15 | **enroll in** | ～に入会する、～に登録する |
|---|---|---|

**enroll in** a course

コースに登録する

95

| 16 | | |
|---|---|---|
| **subscribe to** | | ～を購読する、～に加入する |

**subscribe to** a magazine

雑誌を購読する

| 17 | | |
|---|---|---|
| **benefit from** | | ～から利益を得る、～の恩恵を受ける |

**benefit from** economic growth

経済成長の恩恵を受ける

| 18 | | |
|---|---|---|
| **expose X to Y** | | X を Y にさらす |

Do not **expose** the product **to** moisture.

製品を湿気にさらさないでください。

| 19 | | |
|---|---|---|
| **contribute to** | | ～に貢献する、～に寄付する、～に寄稿する |

**contribute to** a company's success

会社の成功に貢献する

| 20 | | |
|---|---|---|
| **reply to** | | ～に返事をする |

**reply to** an e-mail

メールに返事をする

| 21 | **attribute X to Y** | XはYのおかげだとする |
|---|---|---|

Ms. Kim **attributes** her success **to** luck.

Kimさんは自分の成功は幸運のおかげだとしている。

| 22 | **break down** | 故障する |
|---|---|---|

My car **broke down** this morning.

私の車が今朝故障しました。

| 23 | **compete with** | ～と競う |
|---|---|---|

**compete with** other businesses

他社と競う

| 24 | **rely on** | ～に頼る |
|---|---|---|

**rely on** public transportation

公共の交通機関に頼る

| 25 | **compensate X for Y** | XにYを補償する |
|---|---|---|

We will **compensate** you **for** your expenses.

我々はあなたに経費を補償します。

| 26 | **consist of** | ～で構成される |
|---|---|---|

The team **consists of** five members.

そのチームは5人のメンバーで構成されている。

| 27 | **differ from** | ～とは異なる |
|---|---|---|

**differ from** other products

他の製品とは異なる

| 28 | **qualify for** | ～の資格がある |
|---|---|---|

**qualify for** free shipping

無料配送の資格がある

| 29 | **succeed in** | ～で成功する |
|---|---|---|

**succeed in** business

ビジネスで成功する

| 30 | **agree with** | ～に同意する |
|---|---|---|

I **agree with** Mr. Petrovich.

Petrovichさんに同意します。

| 31 | **attend to** | ~に対応する |
|---|---|---|
| | **attend to** the needs of patients | |
| | 患者のニーズに対応する | |

| 32 | **attest to** | (~が正しいと) 証言する、証明する、裏付ける |
|---|---|---|
| | I can **attest to** her professionalism. | |
| | 彼女がプロであることは私が証言できます。 | |

| 33 | **comply with** | ~に従う |
|---|---|---|
| | **comply with** the requirements | |
| | 要件に従う | |

| 34 | **conform to** | ~に合わせる |
|---|---|---|
| | **conform to** industry standards | |
| | 業界の基準に合わせる | |

| 35 | **depend on** | ~次第だ、~に頼る |
|---|---|---|
| | It **depends on** the price. | |
| | それは値段次第です。 | |

| 36 | **dispose of** | 〜を処分する |
|---|---|---|
| | **dispose of** old documents | |
| | 古い書類を処分する | |
| 37 | **prevent X from doing** | Xが〜するのを妨げる、防ぐ |
| | **prevent** a problem **from** happening again | |
| | 問題が再発することを防ぐ | |
| 38 | **range from X to Y** | XからYに及ぶ、XからYまで多岐にわたる |
| | **range from** children **to** adults | |
| | 子供から大人まで多岐にわたる | |
| 39 | **refrain from** | 〜を控える |
| | **refrain from** taking pictures | |
| | 写真を撮ることを控える | |
| 40 | **adhere to** | 〜に忠実に従う |
| | **adhere to** the guidelines | |
| | 指針に忠実に従う | |

| 41 | **cater to** | ~に応える、~に向けた |
|---|---|---|

We **cater to** local residents.

当社は地元の住人向けです。

| 42 | **concentrate on** | ~に集中する |
|---|---|---|

**concentrate on** a task

任務に集中する

| 43 | **embark on** | ~に乗り出す |
|---|---|---|

**embark on** a new project

新プロジェクトに乗り出す

| 44 | **engage in** | ~を (積極的に) 行う、~に携わる |
|---|---|---|

**engage in** a debate

議論を行う

| 45 | **interfere with** | ~の邪魔をする、~の妨げとなる |
|---|---|---|

**interfere with** work

仕事の妨げとなる

**46**

| **resign from** | ～を辞める |
|---|---|

**resign from** a position

辞職する

**47**

| **result from** | ～に起因する |
|---|---|

damages that **result from** improper use

不適切な使用に起因するダメージ

**48**

| **tailor X to Y** | XをYに合わせる |
|---|---|

**tailor** lessons **to** students' needs

レッスンを生徒のニーズに合わせる

**49**

| **translate X into Y** | XをYに翻訳する |
|---|---|

**translate** an e-mail **into** French

メールをフランス語に翻訳する

**50**

| **impose X on Y** | XをYに科（課）す |
|---|---|

**impose** taxes **on** imports

税金を輸入品に課す

| 51 | **insist on** | ～を主張する、～すると言い張る |
|---|---|---|
| | **insist on** raising prices | |
| | 値上げを主張する | |
| 52 | **owe X to Y** | XはYのおかげである |
| | We **owe** our success **to** our customers. | |
| | 我々の成功はお客様のおかげです。 | |
| 53 | **process X into Y** | Xを加工してYに変える |
| | **process** milk **into** cheese | |
| | 牛乳を加工してチーズに変える | |
| 54 | **substitute X for Y** | XをYの代わりに使う |
| | **substitute** honey **for** sugar | |
| | ハチミツを砂糖の代わりに使う | |
| 55 | **transform X into Y** | XをYに一変させる |
| | **transform** simple ingredients **into** delicious dishes | |
| | シンプルな材料を美味しい料理に一変させる | |

---

**11** ⬛⬛⬛

### erase

動 （文字などを紙や黒板から）消す

## She's **erasing** a whiteboard.

彼女はホワイトボードを消している。

❌類義語のwipe（拭う、ふき取る）も覚えておこう。**例** A man is wiping a counter.（男性がカウンターを拭っている）

## 12 ■ ■ ■

### examine

動 詳しく調べる、チェックする

A woman is **examining** some merchandise.

女性が商品を詳しく調べている。

⬛パート1超頻出語。受動態でも出る。例 A car is being examined. (車が詳しく調べられている)

## 13 ■■■

### exit

動 (場所や乗り物から) 出る

A man is **exiting** a building.

男性が建物から出ている。

※「(乗り物から) 出る」の意味でも出る。例 Some passengers are exiting a vehicle.
(乗り物から乗客が出ている)

## 14 ■ ■ ■

### fireplace

名 暖炉

A painting is hanging above a **fireplace**.

絵が暖炉の上に掛かっている。

❖関連語でlog（丸太）も出題例がある。例 Logs are stacked in piles.（丸太が山積みになっている）

## 15 ■■■

### kneel

動 ひざをつく

He's **kneeling** on the floor.

彼は床にひざをついている。

⚠ パート1で数度、出題例があるので、床や地面、屋根にひざをついている人の写真が出たら、この単語を意識しよう。

## 16 ■ ■ ■

| **ladder** | 名 ハシゴ |
| --- | --- |

A man is standing on a **ladder**.

男性がハシゴに立っている。

❋ ハシゴを使った陸上の「ラダートレーニング」でもなじみのある単語。

## 17 ■ ■ ■

### lamppost

名 街灯柱

## Some **lampposts** have been installed along a street.

街灯柱が通りに沿って設置された。

💥類義語の streetlamp (街灯) も出題例がある。例 Streetlamps have been installed in a parking area. (駐車場に街灯が設置された)

# laptop

名 ノートPC

## She's working on a **laptop**.

彼女はノートPCで作業をしている。

✘lap（座った時の膝から腰までの太ももの部分）のtop（上）に乗るコンピュータのこと。

19

## load

動 積み込む

They're **loading** groceries into a car.

彼らは日用品を車に積み込んでいる。

※受動態でも出る。例 Items are being loaded into a cart. (品物がカートに積み込まれている)

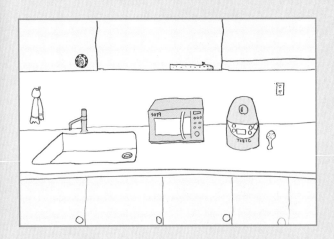

## microwave oven
電子レンジ

### There's a **microwave oven** on the counter.

カウンターの上に電子レンジがある。

※「電子レンジ」は和製英語。英語では microwave oven または単に microwave という
ので覚えておこう。

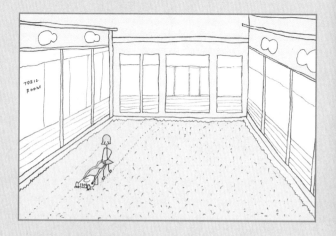

## 21 ■ ■ ■

### mow

動 (機械や道具で草を) 刈る

## She's **mowing** the lawn in a courtyard.

彼女は中庭で芝生を刈っている。

※例文中の lawn (芝生) と courtyard (建物や壁に囲まれた中庭) も重要語。関連語の lawn mower (芝刈り機) も押さえておこう。

まだ通過点！

# Station 3

## 201 — 300

| | |
|---|---|
| **201** ◻◻◻ ②③④ <br> **take a tour** | **take a tour** of a facility |
| **202** ◻◻◻ ②③④⑤⑥⑦ <br> **take effect** | The change will **take effect** tomorrow. |
| **203** ◻◻◻ ③④⑤⑥⑦ <br> **take on** | I'm ready to **take on** more responsibility. |
| **204** ◻◻◻ ⑤⑥⑦ <br> **thanks to** | **thanks to** your support |
| **205** ◻◻◻ ②③④ <br> **a bit of** | We have **a bit of** a problem. |
| **206** ◻◻◻ ⑤⑥⑦ <br> **a great deal of** | spend **a great deal of** time |
| **207** ◻◻◻ ③④⑤⑥⑦ <br> **at the latest** | by October 19 **at the latest** |
| **208** ◻◻◻ ②③④ <br> **at the moment** | I'm really busy **at the moment**. |
| **209** ◻◻◻ ⑤⑥⑦ <br> **be entitled to** | You **are entitled to** a discount. |
| **210** ◻◻◻ ②③④⑤⑥⑦ <br> **by oneself** | I can do it **by myself**. |

| | |
|---|---|
| 見学する<br><br>施設を見学する | ❌TOEICでは、take a tourは「見学する」の意味で主に出るが、「周遊する」の意味でも出る。例 take a city tour (市内を周遊する) |
| 有効になる<br><br>その変更は明日有効になります。 | ❌同意表現のgo into effectも出る。例 The policy will go into effect on April 1. (その規程は4月1日に有効になります)。 |
| (仕事や責任を)引き受ける、〜と対戦する<br><br>私はより多くの責任を引き受ける準備ができています。 | ❌何かをtake (取る) して、自分のon (上) に持ってくるイメージ。「対戦する」の意味もある。例 The Giants will take on the Swallows tonight. (今晩、ジャイアンツがスワローズと対戦します) |
| 〜のおかげで<br><br>皆様のご支援のおかげで | 😊2009年10月にスタートした特急シリーズは、皆様のご支援のおかげで、10周年を迎え、シリーズ累計発行部数300万部を突破しました。著者の一人として、心より感謝申し上げます。 |
| 少しの<br><br>少し問題があります。 | ❌a bit (少し) の形でも頻出。<br>例 I'm a bit worried. (少し心配です) |
| たくさんの<br><br>たくさんの時間を使う | ❌a great deal of research/interest/anticipation (たくさんの調査・関心・期待) といった形で、不可算名詞を伴う語法にも注意しよう。 |
| 遅くとも<br><br>遅くとも10月19日までに | 😊TOEIC愛好家は、10月19日を「トー (10) イック (19) の日」として、全国各地でさまざまなイベントを開催している。 |
| 現在、今<br><br>私は今とても忙しいです。 | 😊TOEICの世界には、忙しくてイラついた人は存在しないので、「忙しい→ムリ」ではなく、「忙しい→後ならOK」という話の流れにたいていなる。 |
| 〜の資格がある<br><br>あなたは割引の資格があります。 | ❌ちなみに、野球用語の「エンタイトルツーベース (ワンバウンドで打球がスタンドに入った場合等に、打者や走者に二つ先の塁に進む権利を与えること)」は和製英語で、正しくはground-rule double。 |
| 一人で、独力で<br><br>私はそれを一人でできます。 | ❌byがないonselfの形でも出る。例 I can do it myself. (私はそれを自分でできます) パート5の人称代名詞の格の問題で出るので覚えておこう。 |

| 211 234567 **dozens of** | choose from **dozens of** colors |
|---|---|
| 212 234567 **drop off** | **drop off** a package |
| 213 4567 **for further information** | **For further information**, please contact us. |
| 214 34567 **for the duration of** | **for the duration of** the project |
| 215 1234 **get on** | A man is **getting on** a bus. |
| 216 34 **get to know** | **get to know** each other |
| 217 234 **give a ride** | Jennifer **gave** me **a ride** today. |
| 218 34567 **go on sale** | Tickets will **go on sale** next week. |
| 219 567 **go out of business** | The store has **gone out of business**. |
| 220 567 **in an effort to do** | **in an effort to** reduce expenses |

| | |
|---|---|
| **たくさんの**<br><br>たくさんの色から選ぶ | ❌dozen が元々「ダース=12」の意味なので、dozens of も「たくさんではあるが、数百・数千ほどではない」イメージ。 |
| **〜を届ける、〜を置いていく**<br><br>荷物を届ける | ❌人や物をある場所まで運んで drop（落とす）イメージ。囫 I'll drop you off at the station.（駅であなたを降ろします） |
| **くわしくは**<br><br>くわしくは当社にご連絡ください。 | ❌関連表現の until further notice（別途通知があるまでの間）も重要（P130）。 |
| **〜の期間中ずっと、〜の間中ずっと**<br><br>プロジェクトの期間中ずっと | ❌duration は「継続期間」の意味。<br>囫 The duration of the project will be three months.（プロジェクトの継続期間は3か月の予定です） |
| **〜に乗り込む**<br><br>男性がバスに乗り込んでいる。 | ❌バスや電車、飛行機に乗り込む、の意味で主にパート1で出る。 |
| **〜を知るようになる、〜と知り合いになる**<br><br>互いのことをよく知るようになる | ❌職場の同僚やワークショップの参加者がイベントを通じて互いのことをよく知りあう、といった文脈で主に出る。 |
| **車に乗せる**<br><br>Jennifer が今日、車に乗せてくれました。 | ❌Could you give me a ride from work tonight?（今晩、職場から車に乗せてもらえますか）といった相手への依頼で、主にパート2・3で出る。 |
| **発売になる**<br><br>チケットは来週発売になります。 | ❌「セールになる」の意味もある。囫 Calendars usually go on sale in January.（カレンダーは通常、1月にセールになる） |
| **商売を止める、閉店する**<br><br>その店は商売を止めました。 | ☺ 不況とは無縁だったTOEICの世界でも、最近は業績不振で閉店する店がちらほらと出るようになった。 |
| **〜しようとして**<br><br>費用を削減しようとして | 囫 make every effort to do（〜するために最大限の努力をする）囫 We make every effort to keep your information secure.（我々は皆様の情報を安全に保つため最大限の努力をします） |

| 221    34567 **in operation** | The plant has been **in operation** for nearly forty years. |
|---|---|
| 222    567 **in turn** | This **in turn** caused some problems. |
| 223    567 **on a budget** | consumers **on a budget** |
| 224    34567 **on such short notice** | Thanks for coming **on such short notice**. |
| 225    567 **pay off** | Your efforts will **pay off**. |
| 226    567 **place (an) emphasis on** | We **place an emphasis on** quality. |
| 227    1 **put up** | She's **putting up** a shelf. |
| 228    234 **run into** | Hi, Tim. Nice to **run into** you! |
| 229    234567 **send in** | **send in** an application |
| 230    34567 **set aside** | We'll **set aside** the book for you. |

| | |
|---|---|
| 稼働 (操業、運転) 中で | |
| その工場は40年近く稼働しています。 | ❎品詞問題での主題例もある重要表現。 |
| その結果、見返りに | |
| この結果、いくつか問題が生じた。 | ❎「何かを行ったその見返りに」という意味。圀 as a result (結果として) |
| 限られた予算内で | |
| 予算が限られた消費者 | ❎「あまり予算がない」「低予算で」といった意味。 |
| 急な知らせで | |
| 急な知らせで来てくれてありがとう。 | ❎関連表現として、give/provide advance notice (事前通知を行う) も押さえておこう。圀 give/provide at least 24 hours advance notice (少なくとも24時間前の通知を行う) |
| (努力等が) 実を結ぶ、完済する | |
| あなたの努力は実を結ぶでしょう。 | ❎「完済する、清算する」の意味も押さえよう。圀 pay off debts (借金を完済する) |
| ~に重点を置く、~を強調する | |
| 我々は質に重点を置いています。 | ❎put (an) emphasis onでも同じ意味で、どちらも出る。 |
| ~を建てる、掲示する | |
| 彼女は棚を建てている。 | ❎パート1の誤答の選択肢に入っていることが多い表現。 |
| ~と出くわす、~に偶然会う | |
| こんにちは、Tim。偶然会えてよかったです。 | 😄「車をぶつける」の意味もあるが、TOEICの世界に交通事故は存在しないので、この意味では出ない。 |
| ~を提出する | |
| 応募書類を提出する | ❎書類や手紙を郵送で提出する、といった文脈で通常用いられる。 |
| ~を取っておく | |
| その本をあなたのために取っておきます。 | ❎put asideでも同じ意味で、両方出る。圀 We'll put them aside for you. (それらをあなたのために取っておきます) |

| | |
|---|---|
| **231** 34567 <br> **take inventory** | **take inventory** in a warehouse |
| **232** 34567 <br> **take opportunity to do** | We would like to **take** this **opportunity to** thank you. |
| **233** 67 <br> **above all** | **Above all**, the food was delicious. |
| **234** 4567 <br> **adjacent to** | The café is **adjacent to** the hotel. |
| **235** 4567 <br> **as a token of appreciation** | **as a token of** our **appreciation** for your support |
| **236** 4567 <br> **as if** | Michael talks **as if** he were rich. |
| **237** 567 <br> **be aimed at** | The initiatives **are aimed at** reducing costs. |
| **238** 234 <br> **be running late** | Sorry, Karen. I**'m running late**. |
| **239** 234 <br> **be running low** | We**'re running low** on paper. |
| **240** 567 <br> **by way of** | Richard came home **by way of** London. |

| | |
|---|---|
| 棚卸をする、在庫を数える<br><br>倉庫で棚卸をする | ❌「在庫表を作る」という意味。筆者はメーカー勤務時代、「インベントリー」と呼ばれる棚卸作業を倉庫で行い、自分が企画した商品の在庫の山を見て気持ちが沈んだ経験がある。 |
| 機会を利用して〜する<br><br>この機会を利用してお礼を申し上げたく思います。 | ❌パート7のお客様への御礼の手紙で主に出る。 |
| とりわけ、何よりも<br><br>何より、食事がとても美味しかったです。 | ❌他のあらゆるモノよりabove（上に）あるイメージ。 |
| 〜に隣接した<br><br>そのカフェはホテルに隣接しています。 | ❌next to（〜の隣）の堅い表現。主にRで出る。 |
| 感謝の印として<br><br>あなたのご支援への我々の感謝の印として | ❌パート5での出題例もあるので、フレーズで覚えよう。 |
| まるで〜であるかのように<br><br>Michaelはまるで金持ちであるかのように話す。 | ❌「実際にはそうではないのに、まるで〜であるかのように」といった仮定法で主に用いられる。 |
| 〜を目的としている、〜向けである<br><br>その新たな取り組みは、コスト削減を目的としています。 | ❌「〜をターゲットにしている」「〜を狙っている」イメージの表現でRで出る。 |
| （予定より）遅れている<br><br>すみません、Karen。私は遅れています。 | ❌The meeting is running late.（会議が長引いています）といった形でも出る。 |
| 〜が残り少なくなっている<br><br>紙が残り少なくなっています。 | ❌主にLで出る。<br>例 Office supplies are running low.（オフィス用品が残り少なくなっている） |
| 〜経由で、〜の手段として<br><br>Richardはロンドン経由で帰宅した。 | ❌by way of explanation（説明の手段として）のように「〜の手段として」の意味もあるが、TOEICでは「〜経由で」の意味が最頻出。 |

| | |
|---|---|
| **241** ☐☐☐ ②③④ <br> **can't wait** | I **can't wait** to see you this weekend. |
| **242** ☐☐☐ ③④⑤⑥⑦ <br> **end up doing** | I **ended up** ordering the book online. |
| **243** ☐☐☐ ③④⑤⑥⑦ <br> **give away** | **give away** free samples |
| **244** ☐☐☐ ②③④ <br> **go with** | Let's **go with** Greg's idea. |
| **245** ☐☐☐ ③④⑤⑥⑦ <br> **happen to do** | I **happened to** see Thomas this morning. |
| **246** ☐☐☐ ③④⑦ <br> **head to/for** | I'm **heading to** the supermarket. |
| **247** ☐☐☐ ②③④ <br> **in a rush** | I'm not **in a rush**. |
| **248** ☐☐☐ ⑤⑥⑦ <br> **in a timely manner** | deliver orders **in a timely manner** |
| **249** ☐☐☐ ②③④⑤⑥⑦ <br> **in general** | discuss the environment **in general** |
| **250** ☐☐☐ ③④⑤⑥⑦ <br> **in honor of** | **in honor of** Jessica Garcia |

| | |
|---|---|
| 楽しみだ、待ちきれない | 「楽しみだ」「待ちきれない」という意味を表す口語表現。TOEICが終わるのを楽しみにするのは一般人、TOEICを受けるのを楽しみにするのがトーイッカー（TOEIC愛好家）。 |
| あなたに今週末お会いするのが楽しみです。 | |
| 結局～する | 想定外の出来事があって、結局～することになる、といった文脈で主に用いられる表現。 |
| 私は結局その本をオンラインで注文した。 | |
| 無料で提供する、タダで配る | 筆者はサラリーマン時代、give away用の景品が万単位で余り、無料サンプルで埋め尽くされた倉庫を見て青ざめた経験がある。 |
| サンプルを無料で提供する | |
| (アイデアや提案等を)受け入れる、一緒に行く、伴う | 何かを選び、「XXで行く」と言いたい時に用いられる表現。例 We'll go with blue for the walls. (壁は青で行きます) |
| Gregのアイデアで行こう。 | |
| ひょっとして～する、たまたま～する | happen to（～に起こる）との違いにも注意。例 What happened to him? (彼に何が起きたのですか) |
| 私は今朝たまたまThomasを見かけました。 | |
| ～に向かう | be heading to/for、be headed to/forのどの形でも同じ意味。例 I'm headed for the airport. (空港に向かっています) |
| スーパーに向かっています。 | |
| 大急ぎで、急いでいる | 同意表現のin a hurryも出る。例 We're not in a hurry. (私たちは急いでいません) |
| 私は急いではいません。 | |
| タイミングよく、遅れずに | パート5でも出題例がある重要表現。in a timely fashionでも同じ意味。ちなみに、TOEICの世界では、注文をtimelyに配達できないことは日常茶飯事である。 |
| 注文を遅れずに配達する | |
| 一般的に、全体的に | 「通常、一般的に」の意味もあるが、この、「(特定の分野ではなく)全体的に」の意味が最頻出。 |
| 環境全般について議論する | |
| ～を称えて | 主にパート4の授賞式や退職パーティの人物紹介で出る。 |
| Jessica Garciaさんを称えて | |

125

| 251    567<br>**in preparation for** | **in preparation for** the upcoming festival |
| --- | --- |
| 252    567<br>**in progress** | The repair work is currently **in progress**. |
| 253    567<br>**in recognition of** | **in recognition of** Mr. Tan's outstanding service |
| 254    567<br>**in the long run** | The merger will be good **in the long run**. |
| 255    567<br>**in the vicinity of** | **in the vicinity of** the station |
| 256    34567<br>**just in case** | Take an umbrella **just in case**. |
| 257    34<br>**just so you know** | **Just so you know**, I changed my username on Instagram. |
| 258    34567<br>**keep up** | **Keep up** the good work! |
| 259    4567<br>**look no further than** | **Look no further than** the Wyatt Hotel. |
| 260    467<br>**miss out** | Don't **miss out** on this special promotion! |

| | |
|---|---|
| ~に備えて<br><br>今度のフェスティバルに備えて | ※派生語の prepare for (~の準備をする) と合わせて押さえよう (P94)。 |
| 進行中で<br><br>補修作業が現在進行中です。 | ※たとえば、テニスの錦織選手の海外での試合をリアルタイムで公式サイトでチェックすると、match in progress (試合進行中) と表示される。 |
| (業績や功績等を) 称えて<br><br>Tan さんの優れたサービスを称えて | ※recognition は、業績等を認めて称賛すること、の意味で主に出る。deserve recognition (称賛に値する)、achieve recognition (称賛を得る) といった表現も押さえておこう。 |
| 長期的には<br><br>その合併は長期的には良いでしょう。 | ※「短期的には」は in the short run/term。形容詞の long-term (長期の) と short-term (短期の) も覚えておこう。例 long-term project (長期プロジェクト)、short-term contract (短期契約) |
| ~の近くで、~の付近で<br><br>駅の近くで | ※vicinity (付近、近辺) は、ほぼ、この in the vicinity of (~の近くで) の形で出る。 |
| 万が一に備えて<br><br>万が一に備えて傘を持って行ってください。 | ※類義表現の in case (~した場合に備えて) も重要。例 Take an umbrella in case it rains. (雨が降った場合に備えて、傘を持って行ってください) |
| 念のために知らせておきますが、ちなみに<br><br>念のために知らせておきますが、インスタのユーザーネームを変えました。 | ※相手に知らせておいた方がよいと思う情報を伝える際に用いられる表現。Just so you know (ちなみに)、インスタグラムやツイッターといった実在の名前は TOEIC には出ません。 |
| ~を続ける<br><br>いい仕事を続けましょう (その調子でがんばってください)! | ※Keep up the good work! は、がんばっている相手に対し、「その調子で!」と言いたい時に使う表現。 |
| ~以外を見る必要はない、~で決まり<br><br>Wyatt Hotel で決まりです。 | ※「~をお探しですか? それなら、X で決まりです」といった流れで、パート4のホテルや旅行代理店の宣伝等で出る。 |
| 機会を逃す<br><br>この特別なプロモーションを逃さないでください。 | ※パート4の割引やキャンペーンの案内で主に出る。 |

| | |
|---|---|
| 261 **34** <br> **on hold** | Please put the jacket **on hold** for me. |
| 262 **567** <br> **on the other hand** | **On the other hand**, I am optimistic. |
| 263 **234** <br> **out of order** | The machine is **out of order**. |
| 264 **1234** <br> **pass by** | Susan happened to **pass by**. |
| 265 **34567** <br> **pass on X to Y** | **pass on** costs **to** consumers |
| 266 **1234** <br> **pass out** | I'm going to **pass out** a participant survey. |
| 267 **234** <br> **pull up** | Let me **pull up** the record. |
| 268 **1** <br> **reach into** | A woman is **reaching into** a drawer. |
| 269 **234** <br> **report to work** | Please **report to work** at 8 A.M. |
| 270 **234** <br> **run out of** | We're going to **run out of** paper soon. |

| | |
|---|---|
| 取り置きにして、(電話等を) 保留の状態で | ⊗「(電話等を) 保留の状態で」の意味でも出る。例 I've been waiting on hold for over ten minutes. (10分以上電話を保留のまま待っています) |
| その上着を取り置きしてください。 | |
| その一方で | ⊗「会社の将来について、悲観的な人もいる。その一方で、私は楽観的です」のように、対比で用いられる表現。 |
| その一方で、私は楽観的です。 | |
| 故障中で | 😊 TOEICの世界では、コピー機や自販機は故障が前提。 |
| その機械は故障中です。 | |
| 〜のそばを通る、通り掛かる | ⊗パート1でもたまに出る。例 A man is passing by a store. (男性が店のそばを通っている) |
| Susanがたまたま通り掛かった。 | |
| XをYに転嫁する、XをYに回す | ⊗TOEICでは、コストや負担等をpassして、誰かの上 (on) にそのまま負わせる「転嫁する」の意味で主に出る。 |
| コストを消費者に転嫁する | |
| 〜を配る | ⊗最近は出題例が減ったが、以前パート1で出題されたこともあるので、何かを配っている写真があれば注意したい。 |
| 参加者アンケート調査をお配りします。 | |
| (PC上で情報を) 引き出す、(車が) 停まる | ⊗「(車が) 停まる」の意味もあるが、TOEICではこの「(コンピュータ画面で情報を) 引き出す」の意味で主に出る。 |
| 記録を引き出してみます。 | |
| 〜の中に手を入れる | ⊗パート1では、reach for (〜に手を伸ばす) (P86) とreach into (〜の中に手を入れる) の形で出る。 |
| 女性が引き出しの中に手を入れている。 | |
| 出勤する | ⊗report to 〈人〉(〜が直属の上司だ) の形も押さえよう。例 You'll be reporting to Jason Briggs. (あなたの直属の上司はJason Briggsになります) |
| 午前8時に出勤してください。 | |
| 〜を使い切る、〜の在庫が切れる | ⊗ofがないrun outの形でも出る。例 We've just run out. (ちょうど在庫が切れました) |
| もうすぐ紙を使い切りそうです。 | |

| 271 **4567**<br>set X apart from Y | What **sets** us **apart from** the competition is our professionalism. |
|---|---|
| 272 **34567**<br>settle in/into | **settle into** a new job |
| 273 **567**<br>speak highly of | Ms. Wu **spoke** very **highly of** your work. |
| 274 **234**<br>stuck in traffic | I'm **stuck in traffic** right now. |
| 275 **234**<br>take turns | We **take turns** working the night shift. |
| 276 **567**<br>tear down | The apartment building has been **torn down**. |
| 277 **234**<br>throw a party | Let's **throw** him **a party**! |
| 278 **234567**<br>turn in | **turn in** paperwork |
| 279 **567**<br>unless otherwise noted | All events are free **unless otherwise noted**. |
| 280 **567**<br>until further notice | Turner Road is closed **until further notice**. |

| | |
|---|---|
| XをYから際立たせる<br><br>当社を競合他社から際立たせているのはプロの腕です。 | ✕主にパート4・7で、「当社と他社との違いは〜です」「当社が他社より優れているのは〜です」といった文脈で、自社の宣伝に用いられる表現。 |
| (新しい環境等に慣れて) 落ち着く、慣れる<br><br>新しい仕事に慣れる | ✕新しい生活や場所、仕事に慣れて落ち着く、という意味。settle in/intoどちらも同じ意味で、両方出る。 |
| 〜をほめる<br><br>Wuさんはあなたの仕事ぶりをとてもほめていました。 | ✕highlyはこうした定型表現やhighly recommend (強く薦める) といった形を除き、通常、動詞は修飾せず、veryの意味で形容詞の前に置かれる語法にも注意。 |
| 渋滞にはまって<br><br>今渋滞にはまっています。 | ✕stuckは「くっついて動かない」イメージで、stuck inは「〜にはまる」という意味。 |
| 順番に行う、交替でする<br><br>私たちは夜番のシフトを順番に行っています。 | ✕パート2で、「誰が〜しますか?」の質問に対し、We take turns. (順番に行っています) やIt's not my turn. (私の番ではありません) といった答えは正解パターンの一つ。 |
| 〜を取り壊す<br><br>そのアパートは取り壊されました。 | ✕主にRで、新しい住宅地の建設や道路の拡張工事のため、古いビルが取り壊される、といった文脈で出る。 |
| パーティを開く<br><br>彼のためにパーティを開きましょう。 | ☺ have a partyと同じ意味。TOEICの世界では、何かにつけてパーティが開催されるので、この表現も覚えておきたい。 |
| 〜を提出する<br><br>書類を提出する | ☺「犯人を警察に連れて行く」の意味もあるが、TOEICの世界に犯罪者は存在しないので、もちろんこの意味では出ない。 |
| 特に断りがない限り<br><br>特に断りがない限り、イベントはすべて無料です。 | ✕unless otherwise Ved (特に〜されない限り) はパート5での出題例もある重要表現。unless otherwise indicated (特に示されていない限り) といった形でも出る。 |
| 別途通知があるまでの間<br><br>別途通知があるまでの間、Turner Roadは閉鎖されます。 | ✕「状況が変わったことを知らせる通知があるまでは」の意味で、Rで出る。 |

| 281     34567 **when it comes to** | **when it comes to** computers |
|---|---|
| 282     234567 **work out** | His plan didn't **work out**. |
| 283     234 **a good chance** | Alicia has **a good chance** of getting the job. |
| 284     4 **a round of applause** | Let's give Barbara **a round of applause**. |
| 285     67 **among other things** | discuss environmental protection **among other things** |
| 286     67 **and so on** | walking, running, cycling, **and so on** |
| 287     567 **as early as** | begin **as early as** September |
| 288     567 **as to whether** | **as to whether** the information is accurate |
| 289     567 **at most** | once a week **at most** |
| 290     4567 **at present** | The item is unavailable **at present**. |

| | |
|---|---|
| ～のことになると、～に関していえば<br><br>コンピュータのことになると | ❌ パート4やパート7の宣伝で主に出る表現。文法問題で狙われる可能性もあるので、toが前置詞で動名詞や名詞を伴う語法も押さえておこう。 |
| うまくいく、解決する、運動する<br><br>彼の計画はうまくいきませんでした。 | ❌「解決する」「運動する」の意味でも出る。<br>例 We can't work out what to do.（どうすればよいか解決策が見つかりません） I work out at the gym every day.（私は毎日ジムで運動しています） |
| 十分な可能性<br><br>Alicia はその仕事を得る十分な可能性がある。 | ❌ have a good chance は、「かなりの可能性がある」という意味。 |
| 盛大な拍手<br><br>Barbara に盛大な拍手を送りましょう。 | ❌ パート4で受賞者や退職者を称えるスピーチで出る表現。関連表現として、the first/second round of interviews（一次・二次面接）も押さえたい。 |
| 数ある中で、とりわけ<br><br>とりわけ、環境保護について議論する | ❌「他にもいろいろあるが、中でも特に」といった意味でパート6・7で出る。 |
| ～など<br><br>ウォーキング、ランニング、サイクリングなど | ❌ 同種のモノを列記した後、「～など」「～など」と締める表現で、主にRで出る。 |
| 早ければ<br><br>早ければ9月に始まる | ❌ パート5での出題例もあるので、フレーズで押さえよう。 |
| ～かどうかについて<br><br>その情報が正確であるかどうかについて | 😀 TOEICの世界では、情報が正確でないことは日常茶飯事である。中には、「バラとユリ」を注文した客に対し、どこでどう間違ったか、「しおれたカーネーション」を送りつけた花屋も存在する。 |
| 多くても、最大でも、最長でも<br><br>多くても週一回 | ❌ TOEICでは、主にパート7のアンケート調査で、twice a year at most（多くて年二回）のように頻度を表す形で出る。 |
| 現在は、現時点では<br><br>その品物は現在は手に入りません。 | ❌ 類義表現の at this time (P20) や at the moment (P116) と合わせて覚えよう。 |

133

| 291 ☐☐☐ 567 **be capable of** | We **are capable of** handling bulk orders. |
|---|---|
| 292 ☐☐☐ 567 **be credited with** | Ms. Gomez **is credited with** inventing the new system. |
| 293 ☐☐☐ 567 **be devoted to** | The exhibition **is devoted** entirely **to** Picasso's work. |
| 294 ☐☐☐ 34567 **be reluctant to do** | What **is** the man **reluctant to** do? |
| 295 ☐☐☐ 567 **by far** | **by far** the best TOEIC book |
| 296 ☐☐☐ 4567 **call your attention to** | I'd like to **call your attention to** page 6. |
| 297 ☐☐☐ 34567 **come across** | **come across** a problem |
| 298 ☐☐☐ 234567 **come to** | We were able to **come to an agreement**. |
| 299 ☐☐☐ 567 **contrary to** | **contrary to** media reports |
| 300 ☐☐☐ 567 **cordially invite** | You are **cordially invited** to the celebration. |

| | |
|---|---|
| ~の能力がある<br><br>我々は大量の注文をさばく能力があります。 | ❌筆者の勤務先で、「カパブル」と発音している学生をよく見かけるが、正しくは「ケイパブル」。発音にも注意しよう。 |
| ~の功績がある<br><br>Gomezさんはその新システムを発明した功績がある。 | ❌類義表現のX is credited to Y（Xの要因はYだ）も押さえよう。例 Her success is credited to hard work.（彼女の成功の要因は努力だ） |
| ~に特化した、~に献身的な<br><br>その展示会は完全にピカソの作品に特化しています。 | ❌「~に捧げている」イメージの表現。「~に献身的な」の意味もあるが、TOEICでは主に「一つの目的に特化した」の意味で出る。<br>例 be dedicated to (P78) |
| ~するのを渋る、~したがらない<br><br>男性がしたがっていないことは何ですか。 | ❌パート3・4の設問文で主に出る。筆者は学生時代、この単語を、「ブルース・リーが落胆→リー落胆してしたがらない」の語呂合わせで覚えた。 |
| はるかに、断然<br><br>断然最も優れたTOEIC本 | ❌最上級を強める形で主にRで出る。far from（~から離れて、~からは程遠い）も押さえておこう。例 I live far from the office.（私はオフィスから遠くに住んでいます） His performance was far from perfect.（彼のパフォーマンスは完ぺきからは程遠かった） |
| ~にご注目ください<br><br>6ページにご注目ください。 | ❌特定の事柄や問題点等に相手の注意を引きたい場合に用いられる表現。 |
| 出くわす、遭遇する<br><br>問題に遭遇する | ❌人にたまたま「出くわす」、何かを偶然「発見する」、予想外の状況に「遭遇する」といった意味で用いられる表現。 |
| (合意等に)達する、(考え等が)浮かぶ、(総額が)~になる<br><br>我々は合意に達することができました。 | ❌come toは「~に来る」以外にさまざまな意味で出る。例 Your total comes to $300.（合計300ドルになります） The idea came to me when I was traveling in Japan.（日本を旅行中にその考えが浮かびました） |
| ~に反して、~とは逆に<br><br>マスコミの報道とは逆に | 😄パート5でも出題例のある表現。ちなみに、TOEICの世界では、メディアのうっかりミスはしばしば発生するが、フェイクニュースは存在しない。 |
| 謹んで招待する<br><br>あなたを祝典に謹んでご招待します。 | ❌パート7で、授賞式や祝典への招待状で用いられる表現。 |

## Supplement
## 3

# TOEICに出る
# コロケーション

Collocations
from TOEIC Questions

| 1 | **book** | 他 ～を予約する<br>自 予約する |
|---|---|---|

**book** a room

部屋を予約する

**book** a trip

旅行を予約する

**book** a ticket

チケットを予約する

| 2 | **hold** | 他 (イベントを) 行う、～を手に持つ<br>自 電話を切らずに待つ、しっかりつかまる |
|---|---|---|

**hold** a meeting

会議を行う

**hold** an event

イベントを行う

**hold** a press conference

記者会見を行う

| 3 | **join** | 他 ～に加わる<br>自 結びつく、加入する、連携する |
|---|---|---|

**join** a company

会社に加わる

**join** an organization

組織に加わる

**join** a group

グループに加わる

## 4 mail

他 ～を郵送する

**mail** a form

用紙を郵送する

**mail** a letter

手紙を郵送する

**mail** a coupon

クーポンを郵送する

## 5 meet

※「会う」以外の意味

他 ～を満たす、～に間に合う
自 集まる

**meet** the requirements

要件を満たす

**meet** the needs

ニーズを満たす

**meet** a deadline

締め切りに間に合う

## 6 place

他 (注文や広告を) 出す、～を置く

**place** an order

注文を出す

**place** an advertisement

広告を出す

**place** an item on a counter

カウンターに品物を置く

| 7 | present | 他 ～を提示する、～を授与する、～を発表する |

**present** an award

賞を授与する

**present** research

研究調査を発表する

**present** a coupon

クーポンを提示する

| 8 | receive | 他 ～を受ける、～を受け取る |

**receive** a discount

割引を受ける

**receive** an award

賞を受ける

**receive** a refund

返金を受ける

| 9 | return | 他 ～を戻す、～を返品する、(電話を) 折り返す 自 戻る |

**return** a phone call

電話を折り返す

**return** an item

品物を返品する

**return** a product

製品を返品する

| 10 | **rise** | 自 上がる |
|---|---|---|

**rise** sharply

急激に上がる

**rise** significantly

大幅に上がる

**rise** steadily

着実に上がる

| 11 | **run** | 他 〜を運営する、〜を行う、〜を走らせる 自 走る、動く |
|---|---|---|

**run** a business

会社を運営する

**run** a Web site

ウェブサイトを運営する

**run** a workshop

ワークショップを運営する

| 12 | **save** | 他 〜を節約する、〜を保存する、〜を取っておく 自 節約する、セーブする |
|---|---|---|

**save** time and money

お金と時間を節約する

**save** files

ファイルを保存する

**save** seats

席を取っておく

## 13 visit

他 ～を訪れる　自 訪問する

**visit** a Web site

ウェブサイトを訪れる

**visit** a museum

ミュージアムを訪れる

**visit** a store

お店を訪れる

## 14 accept

他 ～を受け入れる、～を受け取る
自 受け入れる

**accept** an offer

オファーを受け入れる

**accept** an award

賞を受け取る

**accept** a position

職を受け入れる

## 15 announce

他 ～を発表する

**announce** a change

変更を発表する

**announce** a retirement

退職を発表する

**announce** the opening of a store

開店を発表する

## 16 arrange

他 ~を手配する　自 手配する

**arrange** a meeting

会議の手配をする

**arrange** a delivery

配達の手配をする

**arrange** for transportation

交通手段を手配する

## 17 attend

他 ~に出席する、~に参加する
自 対処する

**attend** a meeting

会議に出席する

**attend** a workshop

研修会に参加する

**attend** a reception

パーティに出席する

## 18 complete

他 ~を完了させる、~を完成させる、
~に記入する

**complete** a form

用紙に記入する

**complete** a report

報告書を完成させる

**complete** a job

仕事を完了させる

| **19** | **deliver** | 他 〜を配達する、（演説等）を行う<br>自 配達する |
|---|---|---|

**deliver** a package

荷物を配達する

**deliver** an order

注文を配達する

**deliver** a speech

スピーチを行う

| **20** | **develop** | 他 〜を開発する、〜を作り出す、（スキル等を）高める　自 発展する、伸びる |
|---|---|---|

**develop** a new product

新製品を開発する

**develop** marketing strategies

マーケティング戦略を作り上げる

**develop** skills

スキルを高める

| **21** | **earn** | 他 〜を得る、（お金）を稼ぐ、〜を獲得する　自 稼ぐ |
|---|---|---|

**earn** money

お金を稼ぐ

**earn** a reputation

評判を得る

**earn** a degree

学位を得る

## 22 express
他 ～を表す

**express** concern

懸念を表す

**express** interest

関心を表す

**express** gratitude

感謝を表す

## 23 host
他 ～を主催する

**host** a party

パーティを主催する

**host** an event

イベントを主催する

**host** a celebration

祝典を主催する

## 24 improve
他 ～を改善する、～を改良する
自 改善する

**improve** customer service

顧客サービスを改善する

**improve** the quality of a product

製品の質を改善する

**improve** efficiency

効率を改善する

## 25

### inform
他 (人) に知らせる

**inform** employees of an upcoming project

従業員に今度のプロジェクトを知らせる

**inform** customers of a new service

客に新しいサービスを知らせる

**inform** members about a special discount

会員に特別な割引について知らせる

## 26

### perform
他 ～を遂行する、～を演じる
自 公演する

**perform** work

作業を行う

**perform** a safety inspection

安全検査を行う

**perform** in an event

イベントで公演する

## 27

### prepare
他 ～を準備する、～を用意する
自 準備する、備える

**prepare** food

食べ物を準備する

**prepare** a presentation

プレゼンを準備する

**prepare** a speech

スピーチを準備する

## 28 process

他 ～を処理する

**process** a refund

返金を処理する

**process** an order

注文を処理する

**process** paperwork

書類を処理する

## 29 provide

他 ～を提供する、～に提供する

**provide** information

情報を提供する

**provide** details

詳細を提供する

**provide** feedback

感想を提供する

## 30 publish

他 ～を出版する、～を掲載する、～を発表する　自 出版する

**publish** a book

本を出版する

**publish** an article

記事を掲載する

**publish** a paper

論文を発表する

| 31 | **raise** | 他 (お金) を集める、~を上げる、~を高める |
|---|---|---|

**raise** money

お金を集める

**raise** prices

価格を上げる

**raise** awareness

認知を高める

| 32 | **reserve** | 他 ~を予約する、~を確保する |
|---|---|---|

**reserve** a room

部屋を予約する

**reserve** a space

場所を確保する

**reserve** a ticket

チケットを予約する

| 33 | **approve** | 他 ~を承認する 自 賛成する |
|---|---|---|

**approve** a budget

予算を承認する

**approve** a project

プロジェクトを承認する

**approve** a purchase

購入を承認する

**34**

| **attract** | 他 ～を引き付ける、～を呼び込む、～を誘致する |
|---|---|

**attract** more visitors

より多くの訪問者を呼び込む

**attract** new readers

新規の読者を呼び込む

**attract** more customers

より多くの顧客を呼び込む

**35**

| **conduct** | 他 ～を行う、～を実施する<br>自 指揮する |
|---|---|

**conduct** a survey

アンケート調査を行う

**conduct** research

研究調査を行う

**conduct** an interview

面接を行う

**36**

| **confirm** | 他 ～を確認する |
|---|---|

**confirm** a reservation

予約を確認する

**confirm** an appointment

アポを確認する

**confirm** a schedule

スケジュールを確認する

| 37 | **deserve** | 他 ～に値する |
|----|-------------|-------------|

**deserve** recognition

称賛に値する

**deserve** a promotion

昇進に値する

**deserve** a reward

ほうびに値する

| 38 | **issue** | 他 (正式に) ～を出す、～を発行する |
|----|-----------|------------------------------------|

**issue** a refund

返金する

**issue** a credit card

クレジットカードを発行する

**issue** a statement

声明を出す

| 39 | **recognize** | 他 (人) を称える、(業績等) を認める |
|----|---------------|-------------------------------------|

**recognize** employees

従業員を称える

**recognize** volunteers

ボランティアを称える

**recognize** the importance

重要性を認める

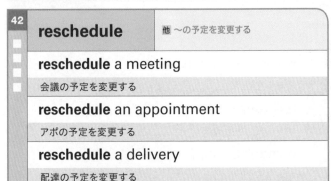

**40**

| **reduce** | 他 （値段）を下げる、〜を減らす |
| --- | --- |

**reduce** a price

価格を下げる

**reduce** costs

コストを減らす

**reduce** the amount of time

時間を減らす

**41**

| **require** | 他 〜を必要とする、〜を要求する |
| --- | --- |

**require** payment

支払いを必要とする

**require** a signature

署名を必要とする

**require** a degree

学位を必要とする

**42**

| **reschedule** | 他 〜の予定を変更する |
| --- | --- |

**reschedule** a meeting

会議の予定を変更する

**reschedule** an appointment

アポの予定を変更する

**reschedule** a delivery

配達の予定を変更する

| **43** | **review** | 他 ～に目を通す、～を検討する |
| --- | --- | --- |

**review** a document

書類に目を通す

**review** a budget

予算に目を通す

**review** a contract

契約書に目を通す

| **44** | **seek** | 他 ～を探し求める、～を募集する |
| --- | --- | --- |

**seek** new employees

新入社員を募集する

**seek** advice

アドバイスを求める

**seek** volunteers

ボランティアを募集する

| **45** | **acquire** | 他 ～を買収する、～を得る、～を獲得する |
| --- | --- | --- |

**acquire** a company

会社を買収する

**acquire** knowledge

知識を得る

**acquire** rights

権利を獲得する

**46 decline**

他 (丁寧に) ～を断る、～を辞退する
自 減る、辞退する

**decline** an invitation

招待を断る

**decline** an offer

オファーを断る

**decline** an opportunity

機会を辞退する

**47 expand**

他 ～を拡大する、～を拡張する
自 進出する、広がる

**expand** a business

ビジネスを拡大する

**expand** office space

オフィススペースを拡張する

**expand** into Japan

日本に進出する

**48 extend**

他 ～を延長する、(感謝、お詫び、招待の気持ち) を表す 自 伸びる、広がる

**extend** a deadline

締め切りを延長する

**extend** an invitation

招待する

**extend** business hours

営業時間を延長する

| 49 | **finalize** | 他 ～を取りまとめる、～を仕上げる、～を最終決定する |
|---|---|---|

**finalize** a budget

予算を取りまとめる

**finalize** a contract

契約をまとめる

**finalize** a schedule

スケジュールを取りまとめる

| 50 | **obtain** | 他 ～を得る、～をもらう |
|---|---|---|

**obtain** permission

許可を得る

**obtain** information

情報を得る

**obtain** an identification badge

身分証をもらう

| 51 | **organize** | 他 (イベント等) を取りまとめる、～を組織化する、～を整理する |
|---|---|---|

**organize** a meeting

会議を取りまとめる

**organize** an event

イベントを取りまとめる

**organize** files

ファイルを整理する

**52**

| postpone | 他 〜を延期する |
|---|---|

**postpone** a deadline

締め切りを延期する

**postpone** an event

イベントを延期する

**postpone** a meeting

会議を延期する

**53**

| promote | 他 〜を宣伝する、〜を推進する、〜を昇進させる |
|---|---|

**promote** a product

製品を宣伝する

**promote** a book

本を宣伝する

**promote** tourism

観光業を推進する

**54**

| resolve | 他 〜を解決する |
|---|---|

**resolve** a complaint

苦情を解決する

**resolve** a problem

問題を解決する

**resolve** an issue

課題を解決する

| 55 | **restore** | 他 ～を復旧させる、～を修復する、<br>～を取り戻す |
| --- | --- | --- |

**restore** power

電力を復旧させる

**restore** a building

建物を修復する

**restore** customer confidence

客の信頼を取り戻す

| 56 | **retain** | 他 ～を維持する、～を保管する、<br>～を保持する |
| --- | --- | --- |

**retain** employees

従業員を維持する

**retain** a position

職を維持する

**retain** a receipt

領収書を保管する

| 57 | **submit** | 他 ～を提出する |
| --- | --- | --- |

**submit** a form

用紙を提出する

**submit** a report

報告書を提出する

**submit** a request

リクエストを提出する

## 58 exceed

他 ～を超える

**exceed** expectations

期待を超える

**exceed** a budget

予算を超える

**exceed** a goal

目標を超える

## 59 fulfill

他 ～を達成する、～を満たす、～を果たす

**fulfill** a requirement

必要条件を満たす

**fulfill** a commitment

約束を果たす

**fulfill** a dream

夢を達成する

## 60 implement

他 ～を実行する、～を実施する

**implement** a change

変更を行う

**implement** a program

プログラムを実施する

**implement** a proposal

提案を実行する

## 61 inspect

他 ～を検査する、～を調べる

**inspect** equipment

機器を検査する

**inspect** a building

建物を検査する

**inspect** an item

品物を調べる

## 62 recruit

他 ～を採用する、～を募集する
自 採用する

**recruit** new employees

新入社員を採用する

**recruit** new staff

新スタッフを採用する

**recruit** volunteers

ボランティアを募集する

## 63 renew

他 ～を更新する

**renew** a subscription

購読を更新する

**renew** a membership

会員資格を更新する

**renew** a contract

契約を更新する

## 64 resume

他 ～を再開する　自 再開する

**resume** production

生産を再開する

**resume** a program

プログラムを再開する

**resume** construction

工事を再開する

## 65 undergo

他 (検査、修理等) を受ける、～を経験する

**undergo** repairs

修理を受ける

**undergo** renovations

改装を受ける

**undergo** training

研修を受ける

## 66 generate

他 ～を生み出す、～を生む

**generate** interest

関心を生む

**generate** income

収入を生み出す

**generate** sales

売上を生む

| 67 | **revise** | 他 ~を修正する、~を見直す |
|---|---|---|

**revise** a contract

契約を修正する

**revise** a schedule

スケジュールを修正する

**revise** a budget

予算を修正する

| 68 | **incur** | 他（罰金等）を被る、~を受ける、~を負担する |
|---|---|---|

**incur** a charge

請求を受ける

**incur** a late fee

延滞金を受ける

**incur** expenses

経費を負担する

| 69 | **publicize** | 他 ~を宣伝する、~を告知する |
|---|---|---|

**publicize** an event

イベントを告知する

**publicize** an upcoming sale

今度のセールを告知する

**publicize** new merchandise

新商品を宣伝する

**22** ■ ■ ■

### occupied

形 (部屋、座席、ベッド等が) 使われて
いる

The benches are **occupied**.

ベンチが使われている。

❌反意語の unoccupied (使われていない) も出題例がある。例 All of the chairs are
unoccupied. (すべての椅子が使われていない)

## overlook

動 見下ろす位置にある

## Some balconies **overlook** the water.

バルコニーから水面が見下ろせる。

❈パート1で数度出題例があるので、高い建物等が何かを見下ろせる位置にあれば、この単語を意識しよう。

## 24

### pedestrian

名 歩行者

**Pedestrians** are crossing the street.

歩行者が道路を渡っている。

😊 TOEICの世界には、信号を無視する歩行者は存在しない。

## 25 ■■■

### plank

名 厚板

They're carrying a wooden **plank**.

彼らは木の厚板を運んでいる。

❌2018年、韓国の公開テストに登場した新種のTOEIC謎単語。日本では2019年時点で出題例はないが、建設現場の写真で板があればこの単語を頭に浮かべよう。

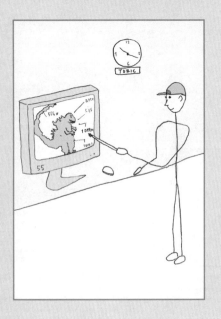

## 26 ■ ■ ■

### point

動 指す、指差す

A man is **pointing** at a screen.

男性が画面を指している。

😊 TOEICの世界には、人を指差して叱責する人は存在しない。

## position

動 位置に置く、位置を合わせる

A bookshelf has been **positioned** next to a window.

本棚が窓の隣の位置に置かれた。

❂パート1では、positionはこうした動詞で頻出するので押さえておこう。例 A man is positioning a ruler.（男性がモノサシの位置を合わせている）

## 28 ■ ■ ■

**potted plant**    鉢植え

**Potted plants** have been arranged in rows.

鉢植えが数列に並べられた。

✖ パート1頻出語。植木鉢に入った植物の写真が出たら、この単語を意識しよう。

## pottery

名 陶器、瀬戸物

Some **pottery** is being displayed.

陶器がいくつか展示されている。

❌ パート1で数度出題例がある。写真に陶器の壺や器が写っていたら、この単語を思い浮かべよう。

## 30 ■■■

### pour

動 注ぐ

### A man is **pouring** a beverage.

男性が飲み物を注いでいる。

💬 TOEICの世界にはアルコール飲料は存在しないので、注がれるのは水やコーヒー、ジュース等のソフトドリンクだけである。

## railing

名 手すり

Some people are standing near a **railing**.

数名が手すりの近くに立っている。

❌ パート1の写真に手すりがあれば、この単語を意識しよう。

## 32 ⬛⬛⬛

### rake

名 熊手　動 熊手でかき集める

A man is using a **rake** to move some leaves.

男性が葉を動かすため熊手を使っている。

※動詞でも出るパート1謎単語。例 A man is raking some leaves.（男性が熊手で葉をかき集めている）

終着駅へ！

# Station 4

## 301 — 400

◀10

| | |
|---|---|
| **301** 234567 <br> **count on** | You can **count on** me. |
| **302** 34 <br> **cut back on** | **cut back on** expenses |
| **303** 567 <br> **fill an order** | We cannot **fill** your **order** at this time. |
| **304** 234567 <br> **fill in for** | I can **fill in for** you tomorrow. |
| **305** 234 <br> **get through** | I have a lot of work to **get through**. |
| **306** 234 <br> **get together** | Let's **get together** and discuss the agenda. |
| **307** 23 <br> **give a hand** | Could you **give** me a **hand**? |
| **308** 23 <br> **halfway through** | I left **halfway through** the seminar. |
| **309** 234 <br> **hand in** | **hand in** a résumé |
| **310** 567 <br> **in compliance with** | **in compliance with** the law |

| | |
|---|---|
| ～を頼る、あてにする<br><br>任せてください。 | ❎You can count on me. は、直訳すると「あなたは私を頼ることができる」で、日本語の「任せてください」の意味。 |
| ～を削減する、切り詰める<br><br>経費を削減する | ❎reduce (削減する) の意味で、経費削減等の話題で主にLで出る。 |
| 注文を処理する、注文に応じる<br><br>今回はあなたのご注文を処理できません。 | ❎受けた注文を問題なく処理して出荷すること。TOEICでは、在庫切れや生産遅れ等の理由で、fill an order できないケースもよくある。 |
| ～の代わりを務める<br><br>明日あなたの代わりを務めることができます。 | ❎休みや出張で同僚が不在の際、空いた穴を fill in (埋める) イメージの表現で主にRで出る。 |
| (仕事を) 片付ける、終える、やり通す<br><br>終えるべきたくさんの仕事があります。 | ❎TOEICでは、「仕事を最後まで through (通して) 片付ける」といった意味で主にLで出る。 |
| 集まる<br><br>集まって議題について話し合いましょう。 | 🙂TOEICの世界には恋愛が存在しないので、「男女が結ばれる」の意味では出ない。 |
| 手を貸す<br><br>手を貸していただけませんか。 | 🙂TOEICの世界には親切な住人しかいないので、困っている人には必ず手を貸してくれる。 |
| ～の途中で<br><br>私はセミナーの途中で退出しました。 | ❎halfway は場所にも用いられる。<br>例 The post office is about halfway down the block. (郵便局は半ブロックほど先にあります) |
| ～を提出する<br><br>履歴書を提出する | ❎「～を提出する」シリーズとして、hand/put/send/turn in をまとめて頭に入れよう (P28・P120・P130)。 |
| ～に従って、～を順守して<br><br>法律に従って | ❎派生語を用いた同義表現として、動詞 comply with (～に従う)(P99) と、形容詞 be compliant with (～に従って) も合わせて覚えよう。 |

173

| 311    567 **in contrast to** | **in contrast to** last year |
| 312    34567 **in exchange for** | receive a discount **in exchange for** early payment |
| 313    567 **in favor of** | vote **in favor of** a proposal |
| 314    567 **in place of** | work **in place of** Mr. Choi |
| 315    567 **in return** | **In return,** I'll take your shift tomorrow. |
| 316    234 **in shape** | Get **in shape** before summer! |
| 317    567 **in short** | **In short**, the project is too expensive. |
| 318    1 **lay out** | A rug is **laid out** on the floor. |
| 319    234567 **leave behind** | I **left** my phone **behind**. |
| 320    234567 **make a point of doing** | I always **make a point of** being on time. |

| | |
|---|---|
| ～とは対照的に<br><br>昨年とは対照的に | ✖動詞でも contrast with (～と対照的だ) の形で出る。囫 X contrast(s) sharply with Y. (X は Y と好対照だ) |
| ～と交換に、～と引き換えに<br><br>早期支払いと引き換えに割引を得る | ✖in exchange (引き換えに) の形でも出る。囫 Can you cover my shift tomorrow in exchange? (引き換えに私の明日のシフトをカバーできますか) |
| ～に賛成して<br><br>提案に賛成票を投じる | ✖「反対票を投じる」は vote against. |
| ～の代わりに<br><br>Choi さんの代わりに働く | ✖類義表現の take one's place (～の代わりを務める) (P86) や in one's place (～の代わりに) と合わせて覚えよう。 |
| お返しに、見返りに<br><br>お返しに、私があなたの明日のシフトを代わります。 | ✖「アンケートに答えていただいたら、そのお返しにクーポンを差し上げます」といった文脈で、主に R で出る。 |
| 体調が万全である、身体が引き締まっている<br><br>夏前に身体を引き締めましょう! | ✖反意表現は out of shape (体調が万全ではない)。囫 I'm out of shape right now. (私は今、体調が万全ではありません) |
| 要するに、端的に言えば<br><br>要するに、そのプロジェクトはお金がかかり過ぎます。 | ✖主にパート6・7の広告で、さまざまなサービス内容を述べた後、「要するに、当社は XX です」とまとめる際に主に出る表現。 |
| ～を広げる<br><br>ラグマットが床に広がっている。 | ✖主にパート1で受動態で出る。床やテーブルの上に何かが広がっていたら注意しよう。囫 A map is laid out on a table. (机の上に地図が広がっている) |
| ～を置き忘れる、～を置き去りにする<br><br>携帯を置き忘れました。 | ☺「XX をそちらに置き忘れたようです」といったパート3の客からの電話等で出る。TOEIC の世界の住人は忘れ物が多いので、この表現も頭に入れておこう。 |
| あえて～する、必ず～するようにする<br><br>私はいつも必ず時間を守るようにしています。 | ✖「あえて～する」「わざわざ～する」「～する機会を設ける」といった意味で、意識的に何かを行う様子を表す。 |

| 321 ▪▪▪ 234567 **on one's own** | I can do it **on my own**. |
|---|---|
| 322 ▪▪▪ 234567 **out of print** | This book is **out of print**. |
| 323 ▪▪▪ 4567 **pay attention to** | They **paid** no **attention to** what I was saying. |
| 324 ▪▪▪ 234 **pick out** | Ann **picked out** a dress for the party. |
| 325 ▪▪▪ 567 **pride oneself on** | We **pride ourselves on** our customer service. |
| 326 ▪▪▪ 567 **put forth** | **put forth** a plan |
| 327 ▪▪▪ 3 **put you through to** | I'll **put you through to** Mr. Vasquez. |
| 328 ▪▪▪ 567 **rest assured (that)** | **Rest assured that** your order will arrive on time. |
| 329 ▪▪▪ 234567 **run errands** | Peter is **running** some **errands** right now. |
| 330 ▪▪▪ 34 **show X around Y** | I can **show** you **around** the facility. |

| | |
|---|---|
| 独力で、一人で<br><br>私はそれを一人でできます。 | ✖ 同義表現の (by) oneself (P116) 同様、パート5・6の代名詞の格の問題で出るので注意しよう。 |
| 絶版の<br><br>この本は絶版です。 | 😊 この本がすぐに out of print にならないことを著者として願っております。 |
| ～に注意を払う<br><br>彼らは私の言うことに注意を払っていなかった。 | ✖ 主にパート7で、「我々は他社の動向に注意を払わなければならない」といった文脈で出る。 |
| ～を選ぶ<br><br>Ann はパーティ用のドレスを選んだ。 | ✖ グループの中から人やモノを選ぶ、という意味。TOEICでは主に「商品を選ぶ」の文脈で出る。 |
| ～を誇りにする<br><br>我々は顧客サービスを誇りにしています。 | ✖ 同意表現の take pride in も覚えておこう。<br>例 We take pride in our work. (私たちは自分たちの仕事に誇りを持っています) |
| (アイデアや計画等を) 出す、提案する<br><br>計画を出す | ✖ 「前に出す」イメージの表現で、文脈によって put forth a theory (理論を提唱する)、put forth an effort (努力する)、put forth a solution (解決策を出す) といったさまざまな意味になる。 |
| (電話を) ～につなぐ<br><br>Vasquez さんにおつなぎします。 | ✖ パート3の3人の会話で、第3の人物に電話をつなぐ際に主に出る。 |
| ご安心ください<br><br>あなたのご注文は予定通り到着しますのでご安心ください。 | ✖ rest assured that SV の形で、「SがVすることは間違いないのでご安心ください」という意味。パート7で主に出るフォーマルな表現。 |
| 用事で出かける、お使いをする<br><br>Peter は今用事で出かけています。 | ✖ 誰かに頼まれて、何かを受け取りに行ったり届けたりすること。Lやパート7のテキストメッセージで主に出る。 |
| XにYを案内する<br><br>私があなたに施設を案内します。 | ✖ 主にパート3で、見学者や顧客、新入社員に施設を案内する際に出る。 |

| 331    4567 **show off** | Students will have the opportunity to **show off** their skills. |
|---|---|
| 332    567 **so as to do** | **so as to** avoid wasting time |
| 333    4567 **stand out from** | **stand out from** the others |
| 334    23 **take a message** | May I **take a message**? |
| 335    234 **take notes** | Who will **take notes** during tomorrow's meeting? |
| 336    567 **tend to do** | Dave **tends to** arrive late. |
| 337    1234 **throw away** | He's **throwing away** some documents. |
| 338    567 **to date** | This may be his best book **to date**. |
| 339    47 **tune in to** | **Tune in to** Channel 17 at 6 P.M. tonight. |
| 340    234 **turn down** | Helen **turned down** the job offer. |

| | |
|---|---|
| ~を披露する、誇示する<br><br>学生達は自分たちのスキルを披露する機会があります。 | 😀「誇示する」「見せびらかす」の意味もあるが、TOEICの世界には自慢げに何かを見せびらかす嫌味な人はいないので、「(スキルや作品)披露する」といった意味で主に出る。 |
| ~するために<br><br>時間を浪費するのを避けるために | ❌in order to do (P12) と同じ意味のフォーマルな表現でRで出る。 |
| ~から抜きん出る、~より目立つ<br><br>他者から抜きん出る | ❌他の類似のモノや人から「抜きん出る」「目立つ」という意味。 |
| 伝言を受け取る<br><br>伝言を承りましょうか。 | ❌パート3の電話応対の基本表現。 |
| メモを取る<br><br>明日の会議で誰がメモを取りますか。 | ❌関連表現のtake minutes (議事録を取る) も押さえよう。 🔲 make a note of (~のメモを取る) 🔳 make a note of the order number (注文番号のメモを取る) |
| ~しがちだ<br><br>Dave は遅刻しがちです。 | 😀 TOEICの世界では、遅刻しても、決して叱責されることはない。 |
| ~を捨てる<br><br>彼は書類を捨てている。 | ❌パート1の誤答の選択肢にたまに入っているが、正解になったことはこれまで一度もない。そのうち正解になるかもしれないので覚えておこう。 |
| 今までで<br><br>これは今までで彼の一番の本かもしれません。 | ❌until now (今までで、これまで) の意味で、主にパート7で出る。 |
| ~にチャンネルを合わせる<br><br>今晩午後6時にチャンネル17にチャンネルを合わせてください。 | ❌パート4のラジオ放送や、パート7のTV番組の紹介等で出る。 |
| ~を断る、(音量や温度を) 下げる<br><br>Helen はその仕事のオファーを断りました。 | ❌「(オファーや依頼、招待を) 断る」の意味で主にLで出る。「(音量や温度を) 下げる」の意味も押さえたい。🔳 Can you turn the music down a little? (少し音楽の音量を下げてもらえますか) |

| 341 ▢▢▢ 567 **turn out** | That rumor **turned out** to be true. |
|---|---|
| 342 ▢▢▢ 234567 **turn to** | **Turn to** Part 5 in your test book. |
| 343 ▢▢▢ 4 **turn X over to Y** | Now, I'll **turn** the meeting **over to** Jim. |
| 344 ▢▢▢ 34567 **up and running** | The assembly line is **up and running** again. |
| 345 ▢▢▢ 567 **a course of action** | decide on **a course of action** |
| 346 ▢▢▢ 567 **a wealth of** | Martin has **a wealth of** experience in the area. |
| 347 ▢▢▢ 234567 **as far as** | **as far as** I know |
| 348 ▢▢▢ 34 **as it happens** | **As it happens**, we will be in Vancouver next month. |
| 349 ▢▢▢ 567 **aside from** | **aside from** health benefits |
| 350 ▢▢▢ 567 **at one's disposal** | All amenities are **at your disposal**. |

| | |
|---|---|
| ～だと判明する、わかる<br><br>その噂は本当だと判明した。 | 😊「(予想外のことが) 判明する」際に主に用いられる表現。TOEICの世界では、ネット予約したホテルの部屋が、泊まってみたら予想外に小さいことが分かった、とクレームを入れた客も存在する。 |
| (ページを) 参照する、頼る<br><br>問題用紙の Part 5 を参照してください。 | ❌リスニング終了時に流れる音声。これを聞き逃し、リーディングが始まる合図 (ありません) をしばらく待っている学生を筆者は毎年見かける。 |
| X を Y に引き渡す、X を Y に引き継ぐ<br><br>では、会議を Jim に引き継ぎます。 | ❌パート4の会議の抜粋で、「では、ここからは～に引き継ぎます」といった話の流れで出る。 |
| 始動する、ちゃんと動き出す<br><br>組立ラインは再び始動しています。 | ❌「ちゃんと動き出す」という意味で、システムやプロジェクトにも用いられる。例 The project is up and running. (プロジェクトが始動しています) |
| 行動方針、一連の行動<br><br>行動方針を決める | ❌decide on a course of action (行動方針を決める) は決まり文句なのでフレーズで覚えよう。 |
| 豊富な<br><br>Martin はその分野で豊富な経験があります。 | ❌a wealth of knowledge/information (豊富な知識・情報) といった形で用いられ、パート5でも出題例がある。 |
| ～する範囲では<br><br>私が知る限りでは | ❌as far as I know (私が知る限りでは) や as far as I can remember (私が覚えている限りでは) といった形で主にLで出る。条件を表す as long as (～する限り) も押さえておこう (P195)。 |
| たまたま、偶然<br><br>たまたま、我々は来月バンクーバーにいます。 | ❌「たまたまですが」「偶然ですが」と、予想外の事実を相手に伝える際に用いられる表現。 |
| ～は別として、～に加えて<br><br>健康面での恩恵に加えて | ❌apart from でも同じ意味。「～を除いて」の意味でも出る。例 Apart from Mr. Anderson, everyone was there. (Anderson さんを除いて、全員がそこにいた) |
| ～が自由に使える<br><br>すべてのアメニティが自由にお使いいただけます。 | ❌amenity は、TOEIC では、ホテルやアパートでの滞在を快適にする施設や装備品の意味で出る。「アメとティーで amenity」と語呂合わせで覚えるのも手。 |

| 351     567 **at the discretion of** | **at the discretion of** the committee |
| 352     567 **at the forefront of** | We are **at the forefront of** innovation. |
| 353     34567 **at the last minute** | He canceled his trip to Bangkok **at the last minute**. |
| 354     4567 **at your earliest convenience** | Please call me back **at your earliest convenience**. |
| 355     567 **be accustomed to** | I'm **accustomed to** working remotely. |
| 356     1 **be propped up against** | A bicycle **is propped up against** a pole. |
| 357     567 **by a wide margin** | The plan was approved **by a wide margin**. |
| 358     234 **by any chance** | Is John there **by any chance**? |
| 359     234 **by mistake** | I deleted the e-mail **by mistake**. |
| 360     234 **call in sick** | Jack **called in sick** this morning. |

| | |
|---|---|
| ～の裁量で<br><br>委員会の裁量で | ❌「～の判断や決定に従って」という意味。 |
| ～の最前線にいる<br><br>我々は技術革新の最前線にいます。 | ❌日本語の「最前線」と同じく、forefront（最前線）も元々は軍隊用語。 |
| 土壇場で、間際で<br><br>彼は間際でバンコクへの出張をキャンセルした。 | ❌形容詞のlast-minute（間際の、土壇場の）も合わせて覚えよう。囫 make a last-minute change（間際の変更をする） |
| あなたの都合がつき次第<br><br>都合がつき次第折り返しお電話ください。 | ❌as soon as you can（できるだけ早く）の意味のフォーマルな表現で、主にパート4・6・7の締めの言葉で出る。 |
| ～に慣れている<br><br>私は社外で仕事をすることに慣れています。 | ❌同意表現のbe used toも押さえておこう。囫 I'm used to working long hours.（私は長時間働くことに慣れています） |
| ～に立てかけられる<br><br>自転車が柱に立てかけられている。 | ❌propは、何かが落ちたり倒れたりしないよう、つっかえ棒や支柱等で支える、の意味。ラグビーでスクラムが落ちないよう支えるのがプロップと呼ばれるポジション。 |
| 大差で<br><br>その計画は大差で承認された。 | ❌「小差で」は by a narrow margin。 |
| ひょっとして、もしかして<br><br>ひょっとしてJohnはそこにいますか。 | ❌丁寧に質問する際の口語表現。ちなみに、この例文は、筆者の勤務先の学校で、隣席のネイティブが毎日電話口で言っているセリフである。 |
| 誤って<br><br>誤ってそのメールを削除してしまいました。 | 😊TOEICの世界では、うっかりミスをしても、住人は常に明るい。落ち込んだり泣いたりする人はいない。 |
| 病欠の電話を入れる<br><br>Jackから今朝、病欠の電話が入りました。 | 😊TOEICの世界では、病欠の連絡が入ることはあるが、風邪か発熱、体調不良程度の理由で、重病の人は存在しない。 |

| 361 **1** <br> **cast a shadow** | Some **shadows** are being **cast** on the ground. |
| 362 **4567** <br> **come to a standstill** | City traffic **came to a standstill** this morning. |
| 363 **234** <br> **come to think of it** | **Come to think of it**, Ellen looked worried yesterday. |
| 364 **234** <br> **come up** | If anything **comes up**, just let me know. |
| 365 **567** <br> **deal with** | **deal with** a problem |
| 366 **234** <br> **every hour on the hour** | The shuttle bus leaves **every hour on the hour**. |
| 367 **567** <br> **for the time being** | Alan will take over your work **for the time being**. |
| 368 **567** <br> **get acquainted with** | **get acquainted with** the company policies |
| 369 **234** <br> **get along with** | Is the new manager **getting along with** the team? |
| 370 **567** <br> **has/have yet to do** | The schedule **has yet to** be finalized. |

| 影を落とす | ⊗「影を見つけたらcast a shadow」はパート1の鉄則の一つ。 |
|---|---|
| 地面に影が落ちている。 | |

| 完全に停止する | 😊 TOEICの世界では、交通事故や人身事故は存在しないので、主な渋滞の原因は、イベントに伴う交通整理、倒木、道路工事である。 |
|---|---|
| 市の交通が今朝完全に停止しました。 | |

| 考えてみれば、そういえば | ⊗話の途中で何かを思い出した時に用いられる口語表現。同じように使われる speaking of which (そう言えば) も覚えておこう。 |
|---|---|
| 考えてみれば、Ellen は昨日心配そうに見えた。 | |

| (問題等が) 起こる、近づく | ⊗約束を守れなくなった際に用いられる「Something's come up. (用事ができた、急用が入った)」も覚えておこう。 |
|---|---|
| もし、何か起きたら、教えてください。 | |

| ~に対処する、~に対応する | ⊗パート5でも狙われるので、類語の address/handle (対処する) は他動詞、deal は自動詞で with を伴う語法も押さえよう。 |
|---|---|
| 問題に対処する | |

| 毎正時 | ⊗正時 (しょうじ) とは、1時・2時・3時…のように、分や秒の付かない時刻のこと。 |
|---|---|
| シャトルバスは毎正時に出ます。 | |

| 当面の間 | ⊗「ずっとではないが、状況が変わるまでの間」という意味。 |
|---|---|
| Alan があなたの仕事を当面の間引き継ぎます。 | |

| ~をよく理解する、~と知り合いになる | ⊗be acquainted with の形でも出る。 例 Are you acquainted with him? (彼と面識がありますか) |
|---|---|
| 会社の規定をよく理解する | |

| ~とうまくやっていく | ⊗パート2では、この質問に対し、「He's been here for only a week. (彼はまだここに来て一週間です)」といった返事も正解になる。 |
|---|---|
| 新しいマネージャーはチームとうまくやってますか。 | |

| まだ~していない | ⊗「~しなければならない、~せざるをえない」の意味の has/have to do に yet が入った形。「まだ~しなければならないのに、していない」という意味。パート5でも出題例のある重要表現。 |
|---|---|
| スケジュールはまだ最終決定されていません。 | |

185

| 371 ⬜⬜⬜ 567 | The CEO **had no choice but to** resign. |
| **have no choice but to do** | |
| 372 ⬜⬜⬜ 567 | information about your children, **if applicable** |
| **if applicable** | |
| 373 ⬜⬜⬜ 567 | **in accordance with** the terms of the contract |
| **in accordance with** | |
| 374 ⬜⬜⬜ 567 | **in anticipation of** customer needs |
| **in anticipation of** | |
| 375 ⬜⬜⬜ 4567 | **in appreciation of** his years of service |
| **in appreciation of** | |
| 376 ⬜⬜⬜ 567 | Readers are **in for a treat** with this novel. |
| **in for a treat** | |
| 377 ⬜⬜⬜ 567 | **in keeping with** the surroundings |
| **in keeping with** | |
| 378 ⬜⬜⬜ 34567 | You are next **in line for** promotion. |
| **in line for** | |
| 379 ⬜⬜⬜ 567 | **in observance of** the national holiday |
| **in observance of** | |
| 380 ⬜⬜⬜ 234567 | **in order of** priority |
| **in order of** | |

| ～するしかない、～する他に手はない | |
|---|---|
| そのCEOは辞任するしかなかった。 | ❌「～する以外に選択肢がない」という意味。 |

| 該当する場合 | |
|---|---|
| お子様に関する情報 (該当する場合) | ❌主にパート7のアンケート用紙に記載されている表現。 |

| ～に従って | |
|---|---|
| 契約条件に従って | ❌同意表現のaccording to (P10) と合わせて覚えよう。 |

| ～を見込んで、～を予想して | |
|---|---|
| お客様のニーズを見込んで | ❌何かが起こることを予期して準備しておくこと。動詞のanticipate (予期する) と合わせてパート5で出題例がある。例 Tex didn't anticipate the question. (Texはその質問を予期していなかった) |

| ～に感謝して | |
|---|---|
| 彼の長年の勤務に感謝して | ❌TOEICでは、お客様や従業員への感謝の気持ちを示す表現として、主にパート7で出る。 |

| 楽しみなことがある、お楽しみに | |
|---|---|
| 読者はこの小説をお楽しみに。 | ❌日本語の「お楽しみに!」に近い意味の表現で、主に宣伝で用いられる。 |

| ～に合わせて、～に沿って、～に則って | |
|---|---|
| 周辺の環境に合わせて | ❌「調和している」「マッチしている」「則っている」イメージの表現。 |

| ～の候補で | |
|---|---|
| あなたは次の昇進候補です。 | ❌「～のライン上にある」「～のラインに乗っている」イメージ。 |

| ～を順守して、～に則って | |
|---|---|
| 国民の休日を順守して | ❌「法律や伝統等を順守して」という意味。主にパート7で、「国民の祝日なのでお休みです」といった案内で出る。 |

| ～順に | |
|---|---|
| 優先度順に | ❌orderはこの「順番」の意味も重要。in alpha-betical order (アルファベット順) やin numerical order (番号順)、in ascending/descending order (昇・降順) も覚えておこう。 |

| 381    567 **in other words** | It's extremely difficult. **In other words**, it's nearly impossible. |
| 382    1 **in the distance** | There are mountains **in the distance**. |
| 383    1 **in the same direction** | The vehicles are facing **in the same direction**. |
| 384    1 **jot down** | One of the women is **jotting down** some notes. |
| 385    234 **keep an eye on** | Would you **keep an eye on** my bag? |
| 386    34567 **keep an eye out for** | We'll **keep an eye out for** your lost dog. |
| 387    34 **keep X posted** | Tomorrow's event might be canceled. We'll **keep** you **posted**. |
| 388    34567 **land a job** | Sara **landed a job** as an administrative assistant. |
| 389    34567 **lay off** | The company **laid off** 200 workers last month. |
| 390    34 **let up** | I hope the rain will **let up** soon. |

| 言い換えれば | |
|---|---|
| それは極めて困難です。言い換えれば、ほぼ不可能です。 | ❌TOEICでの出題頻度は低いが、パート6の文挿入問題やパート7の位置選択問題の正解のヒントになる可能性があるので、頭に置いておこう。 |

| 遠くに | |
|---|---|
| 遠くに山がある。 | ❌最近は出題頻度が減ったが、パート1で出題例があるので覚えておこう。 |

| 同じ方向に | |
|---|---|
| 乗り物が同じ方向を向いている。 | ❌「反対方向」はin the opposite direction。例 They're facing in opposite directions. (彼らは反対方向を向いている) |

| ~を書き留める | |
|---|---|
| 女性の一人がメモを書き留めている。 | ❌パート1で出題される可能性があるので覚えておきたい表現。 |

| ~から目を離さない、~を見張る、気に掛ける | |
|---|---|
| 私のバッグを見ていてもらえますか。 | 😃「(物がなくなったりしないよう) 見張る、目を離さない」という意味。なお、TOEICの世界では盗難の恐れは一切ない。 |

| ~を注視する、~に目を光らせる | |
|---|---|
| 我々は、いなくなったあなたの犬に目を光らせます。 | 😃「(失くしたものや待っている人などが出てこないか) 目を光らせる」という意味。なお、TOEICの世界では、獣医は存在するが、「うちのワンちゃんが」といったペットの話題は出ない。 |

| Xに随時報告する | |
|---|---|
| 明日のイベントは中止になるかもしれません。随時皆様に報告します。 | ❌最新の情報を随時報告する、という意味。パート3・4で主に出る。 |

| 仕事を得る | |
|---|---|
| Saraは管理アシスタントの仕事を得た。 | ❌「船がland (陸地) にたどり着く」から、「(職や契約等を苦労して) 得る」の意味が派生した。パート7の同義語問題で狙われるので、頭に入れておこう。 |

| ~を解雇する | |
|---|---|
| その会社は先月200人の作業員を解雇した。 | 😃平和なTOEICの世界でも、時代の流れからか、こういう暗い話題を時々目にするようになった。 |

| (風雨などが) 止む、弱まる | |
|---|---|
| 雨がすぐ止むことを願っています。 | ❌パート4の天気予報で主に出る。 |

| 391       567 | This book has **lived up to** my expectations. |
| **live up to** | |
| 392       567 | Children often **look up to** professional athletes like Ichiro. |
| **look up to** | |
| 393       4567 | All winter coats have been **marked down** to $20. |
| **mark down** | |
| 394       234 | Would you mind **moving over** a little? |
| **move over** | |
| 395       34567 | We've **narrowed down** the candidates to three. |
| **narrow down** | |
| 396       567 | **On average**, the filter should be replaced every six months. |
| **on average** | |
| 397       567 | A vegetarian option is available **on request**. |
| **on request** | |
| 398       234 | Please stay **on the line**. |
| **on the line** | |
| 399       567 | **On the whole**, the conference was a success. |
| **on the whole** | |
| 400       234 | take a break **once in a while** |
| **once in a while** | |

| | |
|---|---|
| （期待、要求等に）応える | |
| この本は私の期待に応えました。 | 😊 そうなっているとよいのですが。 |
| ～を尊敬する | |
| 子供たちはしばしば Ichiro のようなプロの運動選手を尊敬する。 | ❌ 文字通り、見上げて尊敬すること。 |
| ～を値下げする | |
| 冬物のコートが全品20ドルに値下げされました。 | ❌ 主に、季節物や過剰在庫の処分のための値下げを指す。筆者も小売店のバイヤー時代、「クリスマスツリーはそろそろマークダウンですね」などと社内の会話で頻繁に使っていた。 |
| 席を詰める | |
| 少し席を詰めていただいても構いませんか。 | ❌ パート2で、この問いかけに対する返答は、Not at all（全然構いません）や Sorry, but someone's sitting there.（すみません、誰かが座っているんです）等になる。 |
| （候補を）絞り込む | |
| 候補者を三人に絞り込みました。 | ❌ 候補や選択肢を絞り込むこと。 |
| 平均で | |
| 平均で、フィルターは6か月ごとに交換すべきです。 | ❌ アンケート調査で用いられる below average（平均以下）も覚えておこう。 |
| リクエストがあれば | |
| リクエストがあればベジタリアン向けのオプションもあります。 | ❌ 同じ意味の upon request の形でも出る。前置詞 on/upon を用いた on completion（完了時）、on delivery（配達時）、on receipt（受取時）といった表現も覚えておこう。 |
| 電話を保留中で | |
| そのまま切らずにお待ちください。 | ❌ line を用いた関連表現として、That's the bottom line.（それが肝心だ）も押さえておきたい。 |
| 全体として | |
| 全体として、会議は成功でした。 | ❌ パート5・6の誤答の選択肢に入っていることが多いが、意味は頭に入れておこう。 |
| たまに、ときどき | |
| たまに休憩を取る | ❌ しょっちゅうではないがときどき、という意味。 |

# TOEICに出る
# 群前置詞・群接続詞

Prepositions and Conjunctions
from TOEIC Questions

## ◈ TOEICに出る群前置詞

| 1 | **because of** | ～が理由で |
|---|---|---|
| | **because of** a scheduling conflict | |
| | 予定の重複が理由で | |

| 2 | **due to** | ～が理由で |
|---|---|---|
| | **due to** construction | |
| | 工事が理由で | |

| 3 | **in addition to** | ～に加えて |
|---|---|---|
| | **in addition to** Mr. Kato | |
| | Katoさんに加えて | |

| 4 | **instead of** | ～の代わりに |
|---|---|---|
| | at 7:00 P.M. **instead of** at 6:00 P.M. | |
| | 午後6時の代わりに午後7時に | |

| 5 | **other than** | ～以外は |
|---|---|---|
| | countries **other than** Japan | |
| | 日本以外の国々 | |

| 6 | **in spite of** | ～にもかかわらず |
|---|---|---|
| | **in spite of** the rain | |
| | 雨にもかかわらず | |

| 7 | **regardless of** | ～に関係なく |
|---|---|---|
| | **regardless of** the price | |
| | 価格に関係なく | |
| 8 | **except (for)** | ～を除いて |
| | everyone **except for** Mr. Sato | |
| | Satoさんを除く全員 | |
| 9 | **in light of** | ～を考慮して |
| | **in light of** the situation | |
| | 状況を考慮して | |
| 10 | **owing to** | ～が理由で |
| | **owing to** a lack of funds | |
| | 資金不足が理由で | |
| 11 | **in the event of** | ～の場合 |
| | **in the event of** a storm | |
| | 嵐の場合 | |
| 12 | **on account of** | ～が理由で |
| | **on account of** technical problems | |
| | 技術的な問題が理由で | |

## 🎴 TOEICに出る群接続詞

| | | |
|---|---|---|
| **1** | **so that** | ～するように |

**so that** you can meet our staff

あなたが我々のスタッフに会えるように

| | | |
|---|---|---|
| **2** | **as soon as** | ～するとすぐに |

**as soon as** you get this message

あなたがこの伝言を受け取ったらすぐに

| | | |
|---|---|---|
| **3** | **in case** | ～した場合に備えて |

**in case** you have any questions

ご質問があった場合に備えて

| | | |
|---|---|---|
| **4** | **as long as** | ～する限り、～する場合のみ |

**as long as** the item was purchased within the last 30 days

その品物が購入後30日以内である限り

| | | |
|---|---|---|
| **5** | **now that** | 今は～なので |

**now that** I have some free time

今は私に時間があるので

| 6 | **provided that** | ～という条件で |
|---|---|---|

**provided that** you receive permission from your supervisor

あなたが上司から許可をもらうという条件で

| 7 | **given that** | ～することを考慮すると |
|---|---|---|

**given that** she contributed to the campaign's success

彼女がキャンペーンの成功に寄与したことを考えると

| 8 | **in the event that** | ～した場合 |
|---|---|---|

**in the event that** the product requires repair

製品が修理を必要とする場合

| 9 | **even if** | たとえ～だとしても |
|---|---|---|

**even if** it rains

たとえ雨が降ったとしても

| 10 | **even though** | ～だけれども |
|---|---|---|

**even though** we are a small company

我々は小さな会社だけれども

# イラストで覚えるパート1単語 33–42

12

33 □□□

**rest** 動（体の部分を）休ませる、休む

She's **resting** on a couch.

彼女はソファで休んでいる。

他動詞でも出る。例 She's resting her elbow on a desk.（彼女は机に片肘をついている）

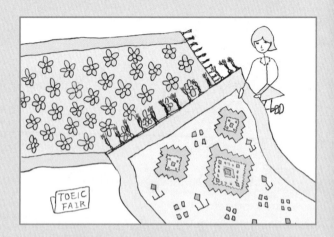

## 34

### rug

名 (部分敷きの) カーペット

A woman is examining a **rug**.

女性がカーペットを詳しく見ている。

※部屋に敷かれるラグマットのこと。パート1でたまに出題される。

## scale

名 はかり

A woman is weighing some food on a **scale**.

女性がはかりで食べ物を量っている。

❌ パート1でときどき出題されるので、「はかり」を見たらこの単語を意識しよう。

**36**

## sign

名 標識、張り紙、看板

### Some people are looking at a **sign**.

数名が看板を見ている。

✏ パート1では、交通標識や何かを知らせる掲示の意味で出る。なお、名詞のsignには「署名 (signature)」の意味はないことにも注意しよう。

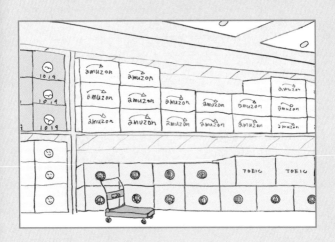

## stack

動 積み重ねる

Some boxes are **stacked** in a warehouse.

箱が倉庫で積み重なっている。

※パート1の写真で、箱や食器、椅子等が積み重なっていたら、この単語を意識しよう。

## 38 ■ ■ ■

### staircase

名 (室内にある手すりのついた) 階段

A man is climbing a **staircase**.

男性が手すりのついた階段を上っている。

※「階段」を意味する単語としては、「stair / step (階段)」「stairway (次のフロアに続く) 階段」も出る。

## stool

名 スツール (背もたれのない椅子)

### Some people are sitting on **stools**.

数名がスツールに腰かけている。

※背もたれのない丸や四角い椅子のこと。パート1で出題例があるので覚えておこう。

## 40 ■■■

### sweep

動 (ほうきやブラシで) 掃く

### A man is **sweeping** the floor.

男性が床を掃いている。

❊関連語としてbroom (ほうき) も覚えておこう。 例 A woman is using a broom. (女性がほうきを使っている)

41 ■ ■ ■

## walkway

名 歩道

A **walkway** is lined with benches.

歩道に沿ってベンチが並んでいる。

※lineはパート1では動詞で「〜沿いに並ぶ」の意味でも出るのに注意。例 Some trees are lining a walkway.（木々が歩道沿いに並んでいる）

## wheelbarrow

名（手押しの）一輪車

A man is pushing a **wheelbarrow**.

男性が一輪車を押している。

❋パート1を代表する謎単語。新形式移行後、ほとんど出題されなくなったが、再登場を心待ちにしているTOEIC愛好家は多い。

新たなる旅へ！

# Station 5

## 401 — 430

🔊13

| | |
|---|---|
| **401**    567 <br> **out of place** | The building seems **out of place** in this neighborhood. |
| **402**    34567 <br> **out of service** | The elevator is temporarily **out of service**. |
| **403**    1 <br> **page through** | The man is **paging through** a magazine. |
| **404**    234 <br> **pass up** | **pass up** an opportunity |
| **405**    234 <br> **pay a visit** | Ms. Harper **paid** us **a visit** yesterday. |
| **406**    234 <br> **put off** | **put off** a company picnic |
| **407**    567 <br> **set forth** | **set forth** the terms and conditions |
| **408**    567 <br> **set out** | **set out** on a national tour |
| **409**    234 <br> **show up** | Marie hasn't **shown up** yet. |
| **410**    234567 <br> **so kind as to do** | Would you be **so kind as to** close the door? |

| | |
|---|---|
| 場違いの<br><br>その建物はこの地域では場違いに思える。 | ⊠のどかな町に突如近代的なビルが建つようなイメージ。人にも用いられる。例 I feel out of place at social functions. (私は交流パーティでは場違いに感じる) |
| 運転休止中で<br><br>そのエレベーターは一時的に運転休止中です。 | ⊠「利用できない」という意味。回送電車の表示でも見かける表現。 |
| (雑誌や本を) パラパラ見る<br><br>男性が雑誌をパラパラ見ている。 | ⊠本や新聞、雑誌のページをパラパラめくること。パート1での出題例があるので注意しよう。 |
| (チャンスなどを) 見送る<br><br>機会を見送る | ⊠文字通り、チャンスやオファーが頭上 (up) を通り過ぎる (pass) のを見送ること。 |
| 訪れる<br><br>Harper さんが昨日こちらを訪れました。 | ⊠visitと同じ意味。Lで出る表現なので頭に入れておこう。 |
| ～を延期する<br><br>社員ピクニックを延期する | ⊠類義表現の call off (～を中止する) も押さえておこう。例 We should call off the meeting. (会議を中止すべきです) |
| (書面で) 説明する、明記する<br><br>諸条件を明記する | ⊠書面でくわしくはっきりと説明すること。 |
| スタートする、出発する<br><br>全国ツアーをスタートする | ⊠「(長旅を) 始める」の意味。set out to do (～に乗り出す) の形も押さえよう。例 set out to solve a problem (問題の解決に乗り出す) |
| 姿を現す、現れる<br><br>Marie はまだ姿を現していません。 | ⊠モノにも用いられる。例 An error message showed up. (エラーメッセージが現れた) |
| 親切にも～する<br><br>よろしければ、ドアを閉めていただけませんか。 | ⊠主にパート7で、Would you be so kind as to do～? (よろしければ、～していただけませんか) の形で出る、非常に丁寧でフォーマルな依頼表現。 |

| 411       234 **sort out** | I got the problem **sorted out**. |
| 412       567 **spare no expense** | We **spare no expense** for your comfort. |
| 413       567 **step down as** | Mr. Gupta **stepped down as** CEO. |
| 414       567 **take measures** | **take measures** to improve productivity |
| 415       467 **take one's word for it** | Don't **take our word for it**. |
| 416       567 **take out insurance** | You should **take out insurance** before traveling overseas. |
| 417       567 **take X for granted** | You shouldn't **take** anything **for granted**. |
| 418       567 **take X into consideration** | **take** risk **into consideration** |
| 419       34567 **take X up on Y** | I've decided to **take** you **up on** that job offer. |
| 420       67 **to begin with** | **To begin with**, I ordered the book three weeks ago. |

| | |
|---|---|
| ~にうまく対処する、~を解決する、整理する<br><br>私はその問題にうまく対処しました。 | ❌「うまく対処する」の意味で主にLで出る。<br>例 I'll sort it out for you. (あなたのために私がそれを何とかします) |
| 出費を惜しまない<br><br>我々は皆さまの快適さのためには出費を惜しみません。 | ❌関連表現のspare no effort (努力を惜しまない)、at the expense of (~を犠牲にして) も押さえておきたい。例 at the expense of quality (質を犠牲にして) |
| ~の座を退く、~の座を降りる<br><br>GuptaさんはCEOの座を退いた。 | ❌文字通り、後任のために役職から「降りる」こと。 |
| 対策を講じる<br><br>生産性を改善するため対策を講じる | ❌take drastic measures(抜本的な対策を講じる) やtake preventive measures (予防策を講じる) といったフレーズも覚えておこう。 |
| ~の言葉をそのまま信じる、~の言葉をうのみにする<br><br>我々の言葉をうのみにしないでください。 | ❌広告で使われる決まり文句。この言葉の後、「是非、当社のウェブサイトでお客様の声をご覧ください」といった流れになる。 |
| 保険に入る<br><br>海外を旅行する前に保険に入るべきです。 | ❌「保険会社から保険証書を取り出す」イメージで覚えよう。 |
| Xを当然のことと考える、Xを当たり前だと思う<br><br>何でも当たり前だと思ってはいけません。 | 🙂 何かをgranted (与えられている) ものとして考える、当たり前だと思う、という意味。「TOEICを受けられるのは当たり前ではなく、ありがたいことだ」と思えば、勉強も頑張れるかもしれません。 |
| Xを考慮に入れる<br><br>リスクを考慮に入れる | ❌関連表現で、under consideration (検討中) や、Thank you for your consideration. (ご検討ありがとうございます) も押さえておこう。 |
| XのYを受け入れる<br><br>あなたの仕事のオファーを受け入れることに決めました。 | ❌相手からの提案や招待を受け入れる、という意味。 |
| まず最初に、そもそも<br><br>まず最初に、私はその本を三週間前に注文しました。 | ❌いくつか述べたいことがある際、最初にあったこと、または最も重要なことを紹介する際に用いる表現。たとえば、この例文の場合、この後、「次に~、結局は~」等、注文の配送遅れの苦情が続く流れになる。 |

| 421        567 <br> **to say the least** | The result was disappointing, **to say the least**. |
| 422        567 <br> **to the point** | Her speech was short and **to the point**. |
| 423        1347 <br> **turn away** | We had to **turn** people **away** at the door. |
| 424        234 <br> **turn up** | Can you **turn** the heat **up**? |
| 425        567 <br> **turn X into Y** | **turn** a novel **into** a movie |
| 426        567 <br> **with the exception of** | all staff **with the exception of** interns |
| 427        234567 <br> **worn out** | The battery is **worn out** and needs to be replaced. |
| 428        37 <br> **beat the rush** | Let's try to get out early and **beat the rush**. |
| 429        47 <br> **leave off** | We'll pick up where we **left off** last time. |
| 430        234567 <br> **beyond repair** | The copy machine is **beyond repair**. |

| 控えめに言っても | ❌主に悪いことの説明に用いられる表現だが、TOEICでは、「控えめに言っても素晴らしかった」とポジティブな文脈で使われることが多い。 |
|---|---|
| 結果は、控えめに言ってもがっかりするものでした。 | |
| 的を射ている | ❌「的を外す、的外れだ」は miss the mark。例 He missed the mark. (彼は的を外した) |
| 彼女の演説は短く、的を射ていました。 | |
| ～を追い返す、背を向ける | ❌「背を向ける」の意味でパート1で出題例がある。例 A man has turned away from a computer. (男性がコンピュータに背を向けた) |
| 我々は入り口で人々を追い返さざるを得ませんでした。 | |
| (音量や温度等) を上げる | ❌「音量を上げる」の意味でも出る。例 Can you turn the volume up a bit? (少し音量を上げられますか) |
| 温度を上げてもらえますか。 | |
| XをYに変える | ❌into は変化を表す。transform X into Y (X をYに一変させる)や translate X into Y (XをYに翻訳する) も覚えておこう (P102・103)。 |
| 小説を映画に変える | |
| ～を除いて、～以外は | ❌「～を exception (例外) として」という意味。except forと同じ意味だが、伴う前置詞が異なるのに注意。 |
| インターン生を除いた全スタッフ | |
| 使い尽くされた、履き古された、疲れ切った | 😩服や靴、電池等を使い古した様子を表す。パート7の製品の取扱説明書等で出る。なお、TOEICの世界には、「疲れ切った」人は存在しないので、この意味では出ない。 |
| 電池を使い切ったので、交換が必要です。 | |
| 混雑を避ける | ❌「混雑を避ける」という意味の決まり文句。beat the traffic (渋滞を避ける) も押さえておこう。 |
| 早めに出て混雑を避けましょう。 | |
| 終わる、～するのを止める、省く | ❌pick/take up where X left off (Xが終わった所から続ける) の形で、一旦終わった所から続きを再開する、という意味を表す。「今日の講義は前回の続きです」といった文脈で、主にパート4で出る。 |
| 前回終わった所から続けます。 | |
| 修理の範囲を超えている | ❌beyond は、「ビヨーンと」超えるイメージの前置詞。皆さんが TOEICという目標を超え、その先へ進まれることを、著者として心から願っています。Let's go beyond TOEIC! |
| そのコピー機は修理の範囲を超えています。 | |

| | |
|---|---|
| □ **assembly line** | 組立ライン |
| □ **baggage claim** | 手荷物受取所 |
| □ **banquet hall** | 宴会場 |
| □ **box office** | チケット売り場 |
| □ **bulk order** | 大量注文、大口発注 |
| □ **bulletin board** | 掲示板 |
| □ **carry-on baggage** | (機内・車内への)持ち込み荷物 |
| □ **check-in baggage** | 預け入れ荷物 |
| □ **concession stand** | 売店 |
| □ **culinary institute** | 料理学校 |
| □ **field trip** | 郊外学習、現地調査 |
| □ **focus group** | フォーカスグループ |
| □ **for many years to come** | この先何年も、これから先長きにわたって |
| □ **frequent customer** | 常連客 |
| □ **front desk** | 受付 |
| □ **gift certificate** | ギフト券 |
| □ **highly regarded** | 評価が高い |
| □ **human resources** | 人事 |
| □ **job fair** | 就職説明会 |
| □ **keynote address** | 基調講演 |
| □ **lost and found** | 遺失物取扱所 |
| □ **null and void** | 無効の |
| □ **office supplies** | オフィス用品 |

| | |
|---|---|
| ☐ **on a first-come, first-served basis** .. | 先着順で |
| ☐ **overhead compartment** . . . . . . . . . . | 頭上の荷物入れ |
| ☐ **parking lot** . . . . . . . . . . . . . . . . . . . . | 駐車場 |
| ☐ **power outage** . . . . . . . . . . . . . . . . . . | 停電 |
| ☐ **press conference** . . . . . . . . . . . . . . . | 記者会見 |
| ☐ **press release** . . . . . . . . . . . . . . . . . . | 報道用資料 |
| ☐ **public relations** . . . . . . . . . . . . . . . . | 広報 |
| ☐ **public transportation** . . . . . . . . . . . . | 公共の交通機関 |
| ☐ **rain date** . . . . . . . . . . . . . . . . . . . . . . | 雨天の予備日 |
| ☐ **room and board** . . . . . . . . . . . . . . . . | 部屋代と食事代 |
| ☐ **round-trip ticket** . . . . . . . . . . . . . . . . | 往復のチケット |
| ☐ **RSVP** . . . . . . . . . . . . . . . . . . . . . . . . . | (招待状に)ご返事ください |
| ☐ **scheduling conflict** . . . . . . . . . . . . . . | 予定の重複 |
| ☐ **Should you have any questions** . . . | もしご質問があれば |
| ☐ **store credit** . . . . . . . . . . . . . . . . . . . . | 店内クーポン |
| ☐ **terms and conditions** . . . . . . . . . . . . | 諸条件 |
| ☐ **To whom it may concern** . . . . . . . . . . | ご担当者様 |
| ☐ **trade show** . . . . . . . . . . . . . . . . . . . . | 見本市 |
| ☐ **wear and tear** . . . . . . . . . . . . . . . . . . | 摩耗 |
| ☐ **work ethic** . . . . . . . . . . . . . . . . . . . . . | 勤労意欲 |
| ☐ **written consent** . . . . . . . . . . . . . . . . . | 書面による同意 |

# Index

## 著者紹介

**TEX 加藤** (テックス・かとう)

1967年大阪府生まれ。神戸市外国語大学外国語学部英米学科卒。一般企業での約20年の勤務を経て、2010年、TOEIC TEST講師に転身。現在、専門学校 神田外語学院で専任講師を務める。2008年6月以降、100回以上TOEIC TESTを継続受験し、最新の傾向を授業や著書に反映している。2019年、990点の通算取得回数100回を達成。英検1級。著書に『TOEIC® L&R TEST 出る単特急 金のフレーズ』『TOEIC® L&R TEST 出る単特急 銀のフレーズ』『TOEIC® L&R TEST 出る単特急 金のセンテンス』『TOEIC® TEST 入門特急 とれる600点』(以上、朝日新聞出版)、『TOEIC® L&R テスト 文法問題 でる1000問』(アスク)、共著に「TOEIC® L&R TEST 読解特急シリーズ」(朝日新聞出版) など多数ある。

### TOEIC® L&R TEST 出る単特急
### 金の熟語

2020 年 2 月 28 日　第 1 刷発行
2021 年 9 月 20 日　第 3 刷発行

| | |
|---|---|
| 著　者 | TEX 加藤 |
| 発行者 | 三宮 博信 |
| 装　丁 | 川原田 良一 |
| 本文デザイン | コントヨコ |
| 似顔絵イラスト | cawa-j ☆ かわじ |
| 印刷所 | 大日本印刷株式会社 |
| 発行所 | 朝日新聞出版 |

〒 104 - 8011　東京都中央区築地 5 - 3 - 2
電話 03 - 5541 - 8814（編集）　03 - 5540 - 7793（販売）
© 2020 TEX Kato
Published in Japan by Asahi Shimbun Publications Inc.
ISBN 978-4-02-331862-5
定価はカバーに表示してあります。
落丁・乱丁の場合は弊社業務部（電話 03-5540-7800）へご連絡ください。
送料弊社負担にてお取り替えいたします。